Hartmut Lohmann

Erleuchtung ist ansteckend

КОНА KOMPAKT

Hartmut Lohmann

Erleuchtung ist ansteckend
Wieder mit Kinderaugen staunen

Inhalt

Endlich unendlich	7
Erleuchtung ist simpel	17
Erleuchtung ist Liebe	25
Erleuchtung ist Freiheit	31
Erleuchtung ist keine harte Arbeit	37
Erleuchtung ist Klarheit	47
Erleuchtung ist ein Zustand	53
Selbstwert ist alles	59
Erleuchtung ist die Befreiung von Schuld	73

Erleuchtung ist Fülle	81
Geliebter Feind	87
Die korrekte Haltung	93
Erleuchtung ist kitschig	105
Buddhas mit offenen Augen	111
Nachwort: Erleuchtung ist hier und jetzt	117
Über den Autor / Kontakt und Seminare	121

»Gott spricht mit mir.
Aber so leise, dass ich ihn
kaum verstehen kann.«

Thomas

Endlich unendlich

In der Kindheit ist die Welt ein Paradies, ein Zaubergarten, den es zu entdecken gilt. Die Gefühle und Herzen sind rein, Tiere, Menschen und Gegenstände begegnen einander voller Liebe und Freude. Das Selbstverständnis ist göttlich, und das Gute und Schöne als einzige Wahrheit durchschimmert alle Wesen und Dinge. Die Wahrheit des Kindes macht die Welt transparent. Ein Kinderlachen steckt an. Kinderaugen sehen und Kinderherzen lieben tief.

Wir wissen:
> Unsere Augen können liebevoll betrachten, auch wenn etwas lieblos geschieht.
> Unsere Stimme kann samtweich eine harte Wahrheit mitteilen.
> Auf die Wahrnehmung der Zeit hat die Zeit keinen Einfluss.
> Das eigene Leid zu betrachten ist frei jeden Leides.
> Unkenntnis einzugestehen ist weise.
> Wer seine Unversehrtheit fühlt, spürt sich selbst.
> Wer du bist, bleibt ein unlösbares Rätsel, bis du dich als vollkommen empfindest.

Mit dem Heranreifen bekommt die Seele blaue Flecke. Das Erwachsenwerden ist der Verlust des Erwachens. Erwachsensein und Erwachtsein blockieren einander. Dinge und Gefühle werden kompliziert – wir bekommen Komplexe. Die Welt der Gefühle wird paradox. Je stärker wir uns gegen die Angst wehren, desto vehementer drängt sie zu uns zurück.

Je mehr wir vor der Lieblosigkeit flüchten, desto größer wird sie. Stoßen wir unsere Verzweiflung von uns, tritt sie nur umso heftiger an uns heran. Egal, wogegen du dich wehrst: Es gehört zu dir.

Darin ist eine Logik verborgen, die es neu zu entdecken gilt: Alles im Leben gehört zu uns und lässt uns erst in Frieden, wenn wir es angenommen haben. Wendest du dich deinem Gefühl achtsam zu und schenkst ihm deine Aufmerksamkeit, wird es überschaubar und klein. Sobald du deine Dämonen fütterst und deine Schatten liebst, werden sie kleiner und kleiner.

Je mehr wir die Erleuchtung wollen, desto ferner wird sie uns stehen. Je stärker wir danach greifen, desto unantastbarer ist sie. Die Erleuchtung folgt der Logik unserer komplexen Gefühle: Nur ein »Ich« kann Erleuchtung wollen, und nur das »Ich« muss sich loslassen, um erleuchtet zu sein.

Aus der Erfahrung des Ego gleicht Erleuchtung einem Retter in der Not, der umso weiter wegläuft, je mehr wir nach Hilfe schreien. Erleuchtung erscheint dem Ego zuweilen als grausam, ja unfair. Die Erleuchtung »belohnt« und berührt Menschen, die es scheinbar nicht verdient haben, und »bestraft« jene, die sich redlich darum bemühen. Viele Suchende haben enttäuscht aufgegeben, nur um plötzlich erleuchtet zu sein. Das Loslassen der Erleuchtung als etwas, das erreicht werden kann, steht dem ziellosen Ziel ganz nahe. Das Seiende muss nicht erst werden, und alles, was etwas wird, *ist* bereits. Darum wundert es nicht, dass viele Menschen nach Jahren der Entbehrung und Hingabe erst nach dem Aufgeben und Loslassen all dessen, was sie mühsam gelernt und verinnerlicht hatten, wahrlich Erleuchtung finden konnten, allen voran Buddha.

Das Loslassen steht an erster Stelle, vor und nach jeder Erleuchtung. Um nichts anderes wird es in diesem Buch gehen. Loslassen und aufmachen, sich öffnen und seinen reinen Gefühlen Raum geben – das ist das torlose Tor. Um dir das zu vermitteln, was du in deinem innersten, kindlich reinen Wesen bist, möchte ich dir von dir erzählen. Vielleicht hast du – wie viele – vergessen, wie du bist. Die klare Essenz des Geistes, die Reinheit deines unantastbaren Herzens ist wie ein Stern. In dunklen Stunden können wir den Glauben an die eigene Göttlichkeit verlieren, und doch glimmt sie, wie ein Versprechen, immer wieder in uns auf. Da ist diese Regung, dieses Gefühl für etwas Tiefes und Wahres in dir. Dieses kindliche Gefühl, dass es mehr gibt als nur Worte, mehr als nur Gedanken und dass du dich in diesem Gefühl, diesem Verliebtsein in den Moment, selbst stärker spürst. Als Kind wusstest du noch, du hast es klar und deutlich empfunden: Die Welt ist für mich da und ich für die Welt. Ich stamme aus der Liebe und kehre immer in die Liebe zurück. Es gibt genug Freude für alle, es ist mehr als genug für alle da. Aus dieser Zärtlichkeit für das, was du gerade tust und siehst, empfindest du dich über die Welt wie mit dir selbst verbunden. Eine Blume zu berühren bedeutet, sich selbst in Form einer Blume zu berühren. Eine Blume zu riechen bedeutet, zu spüren, wie du als Blume riechst. Diese Nähe zu dir selbst ist süß, ja berauschend, und du bekommst eine Ahnung davon, dass es möglich sein könnte, in diesem Zustand zu bleiben.

Je weiter du dich öffnest, desto klarer ist der Zugang zu diesem Raum in dir. Du spürst dich stärker und stärker, und je mehr du dich für dieses Gefühl öffnest, desto tiefer fühlst du eine Verbindung mit der Welt – als würde es keine Trennung geben, als wären Raum und Zeit eine Illusion und als würden alle Orte und alle Zeiten über die Magie der Gefühle in deinem Herzen zusammenlaufen. Dieses eine, reine Gefühl ganz in deiner Mitte ist das Zentrum, in dem sich alle schicksalhaften Pfade vereinen.

Vertraue diesem Gefühl aus der Kindheit, und der Raum in deinem Herzen wird größer, klarer und heller. Ja, zuweilen tut es weh, so groß, so rein zu sein, aber sobald du erkennst, dass du dieses Leid nicht länger brauchst, um das zu sein, was du bist, entströmt deinem Innersten ein helles, klares Licht, das jeden Winkel, jede Lücke deines Herzens füllt. Jetzt fühlst du vielleicht, dass dich das Leid nur daran hindert, ganz du selbst zu sein.

Warum hältst du noch daran fest, wenn sich das Loslassen so gut und richtig anfühlt?

Lass uns ein Stück gemeinsam gehen, bis du dich ganz in mir erkennst und ich mich ganz in dir erkenne. Bis wir einander gleichen und dieselbe Sprache des einen Herzens sprechen. Vielleicht möchtest du mehr über mich erfahren. Aber meine Geschichte ist zu Ende erzählt. Im Buch meines Lebens stehen leere Seiten; sie schaffen Platz für die vielen Geschichten der Menschen um mich herum, auch für deine. Wann deine Geschichte endet, entscheidest du. So viel ist sicher: Sie endet nicht mit dem Tod. Aber egal, ob du glaubst, deine Geschichte sei zu Ende oder nicht: Erst wenn du dich besser fühlst als jemals zuvor, ist es das Ende, das du verdienst. Der Kosmos kennt nur Happy Ends.

Das ist das Versprechen, von dem alle Erleuchteten erzählen. Es ist die Wahrheit des Herzens, die wir als Kinder noch fühlten. Darum sind Kinder der Erleuchtung oft näher, als es Erwachsene je sind.

Die Erzählung eines persönlichen Lebens, eines Lebens mit einer Persönlichkeit, ist voller Kommentare, voller Kritik und Widersprüche. Leere Seiten im Buch des Lebens geben dem Augenblick den Platz zurück, den er verdient. Die Gegenwart füllt wieder den Raum, den sonst Gedanken füllten.

Ganz du selbst zu sein bedeutet, nichts zu sein außer zu sein. Ein wundervolles, strahlend helles Nichts – das alles ist, was ist. Das bist du. Und in dir sind alle Wesen, alle Erscheinungen, alle Formen und Farben dieses Weltraums eins. Sie gehen von dir aus, und sie kehren zu dir zurück, und nichts wird sich jemals daran ändern. Darum gibt es nichts zu tun, nichts zu werden, nichts zu fürchten, nichts zu sagen. Es gibt nur das reine Sein und Spiele darin, die wir spielen – Spiele, die uns Spaß machen, und Spiele, die uns keinen Spaß bereiten. Die Selbsterkenntnis ist ein Spiel unter vielen. Die Erleuchtung erhält ihren Wert nur durch die Spieler, die das Spiel »Nicht erleuchtet« spielen.

Gerade deswegen tragen viele Erwachsene eine süße Unstillbarkeit der Sehnsucht in ihrem Herzen – vielleicht als geheimen Wunsch, das Leben möge nie vergehen, solange es seine Vollkommenheit nicht zurückerlangt hat. So halten wir uns hungrig, aus Liebe zum Leben. Wir schimpfen es lieblos und fahl und wollen die Vollkommenheit der Liebe gar nicht erfahren, um nicht für die Schönheit des Lebens zu sterben.

Wir alle wurden bedingungslos geliebt, wir haben es nur vergessen. Alles, was wir brauchen, besitzen wir bereits. Wir haben uns verschenkt, aus ganzem Herzen gegeben. Und es hat sich gut und richtig angefühlt. Erwachsen geworden, fühlen wir uns oft zurückgewiesen, aber nur, weil wir etwas an uns reißen wollten. Wer sich verstoßen fühlt, stößt in Wahrheit etwas von sich. Jedes Urteil über einen anderen enthält ein Urteil über dich selbst. Es kostet viel Mut, weich zu sein; mehr Mut, als Zorn, Hass, Trauer, Angst und Neid dich kosten. Dein reines Herz fordert nichts außer bedingungslose Wahrheit dir selbst gegenüber. Und wir beide wissen: Du bist bereit dafür!

Unsere Welt, unser Leben und damit alles, was wir *er*leben, fühlen und denken, geschieht in der Unendlichkeit. Du bist unendlich. Alles wird unendlich oft geschehen, das Gute wie das Schlechte. Strebt die Zeit gegen unendlich, wird alles möglich, dessen Wahrscheinlichkeit größer als null ist. Und nur die Wahrscheinlichkeit, dass absolut nichts geschieht, ist gleich null. Somit geschieht in der Unendlichkeit alles. Die Unendlichkeit verleiht allem Ausdruck, was sie enthält. So gesehen gibt es keine Zeit. Und es gibt auch keinen Raum. Die Raum-Zeit, die wir erleben, ist eine Illusion, ein virtuelles Gebäude, das wir durchschreiten. Von außen betrachtet steht die Zeit still. Was wir als Raum kennen, gleicht einer Scheibe oder genauer: einem einzigen, raum- und zeitlosen Punkt, vergleichbar einer DVD. Sie ist klein, fest und enthält alle Informationen, um unsere Geschichte farbenfroh und lautstark zu erzählen.

Frage dich also: Wenn alles, was du erlebst, bereits unendlich oft erlebt wurde und noch unendlich oft erlebt wird als virtuelle Geschichte, die du dir selbst wieder und wieder erzählst, was könnte einen Unterschied machen?

Genau – du. *Du* machst den kleinen, weltverändernden Unterschied.

Stell dir vor, du musst die nervige Situation im Alltag unendlich oft erleben, wie in dem Film »Und täglich grüßt das Murmeltier«. Was würdest du ändern wollen? Würdest du jedes Mal erneut so wütend, enttäuscht, traurig oder ängstlich sein wollen? Wahrscheinlich nicht. Du würdest jedes Mal noch ein bisschen mehr versuchen, dich der Situation gegenüber zu öffnen, um deine Freiheit zurückzugewinnen.

Erleuchtung ist genau dies: göttliche Freiheit im virtuellen Leben eines Menschen. Erleuchtung ist die Selbst-Erkenntnis des Kosmos in sich selbst. Der Schöpfer erkennt sich selbst in seiner Schöpfung wieder. Der Widerstand gegen die Welt und damit dich selbst hört auf.

Du bist ein Gott im Körper eines Menschen.
Gott hat ein Hobby namens Mensch: *dich*.
Welches Spiel möchtest du fortan spielen? Freiheit oder Kampf?

Ole ist »schon groß«, wie er betont, und ein echter Kenner. Er weiß, was passiert, wenn wir sterben: »Wenn ein Tier oder ein Mensch stirbt, dann …, dann nehmen sie Anlauf und springen in den Himmel. Dort oben ist es ganz weiß und neblig. Sieht aber sonst so aus wie hier, mit Häusern und Straßen, nur dass alles rund ist und weich. Alle fliegen herum, weil sie Flügel haben, und können miteinander sprechen, ohne den Mund zu bewegen. Sie leuchten auch, damit man sie besser sieht. Und alle sind glücklich.«

»Und was passiert mit den bösen Menschen?«, frage ich.

Er denkt kurz nach: »Nein, die gibt es nicht. Die müssen nur kurz warten, und dann werden sie wieder gut.«

»Was genau macht sie denn wieder gut?«

»Na, dass sie wieder wissen, wie sie sind!«

Erleuchtung ist simpel

In Wahrheit ist »Erleuchtung finden« und »Erleuchtet sein« so einfach, dass wir es uns absichtlich schwer machen, dieses Ziel zu erreichen. Niemand konnte mir verraten, was genau in uns vorgeht, aber von klein auf begleitete mich das Gefühl, mit den Menschen stimme etwas nicht – etwas Grundsätzliches, Bodenloses, dem ich keinen Namen geben konnte, das mich aber zutiefst erschreckte. Es war wie eine Krankheit, an der jeder Mensch litt, eine Art Amnesie. Jeder hatte vergessen, *was* er wirklich ist. Und nun klammerte er sich ängstlich an das, *wie* und *wer* er ist, selbst wenn die Antwort auf die Frage »Wer bin ich?« negativ ausfiel und lautete: Du bist ein ängstlicher, freudloser oder trauriger Mensch. Jedem schien es sicherer, der zu bleiben, der er ist, solange er sich daran klammern konnte.

Als kleiner Junge liebte ich es, Fäden durch mein ganzes Zimmer zu ziehen. Das Spiel hieß »Spinnen« und war dann am besten gelungen, wenn ich mich selbst nicht mehr aus dem Wirrwarr meiner Netze befreien konnte. Wer als Erwachsener »spinnt«, hat vergessen, dass er selbst die Fäden zieht, die seine Seele gefangen halten. Wir verheddern uns immer wilder im eigenen Netz unserer Gedanken. Das eigene Leid knüpft die Knoten der Persönlichkeit. Denn unglücklich ist jeder auf seine Art, aber glücklich sind wir alle gleich. Im Grunde genommen dient das Leid einer extraordinären Persönlichkeit. Je komplexer unser Charakter, desto komplexer ist unser Leid.

Das Leben wird simpel, sobald wir glücklich werden. Liebe, Freude und Geborgenheit sind ganz einfach, ganz simpel. Jede Blume, jedes Tier, jedes Kind kann es und schwelgt darin.

Stell dir vor, du könntest alles haben, jedes Hindernis in deinem Leben wäre sofort überwunden, jede Chance würde glücken, jedes Ziel wäre sofort erreicht. Wie viel Leid würde seine Bedeutung verlieren, wenn du unendlich viele Leben hättest, um glücklich zu werden? Diese innere Fülle, dieser unendliche Reichtum der Seele widerspricht dem menschlichen Streben, setzt Ego und Verstand außer Kraft, widerspricht dem Widerstand und schickt das Gewissen in Rente.

Was bleibt von dir übrig, wenn du ewig bist? Was willst du noch wollen und was erreichen, wenn du alles bist und hast? Das sind die Fragen, die sich dir stellen, wenn du mit der Unendlichkeit konfrontiert wirst.

Ein Mensch zu sein, bereitet dem Gott in uns Freude, auch wenn damit Leid verbunden sein mag. Der Gott in dir ist eher von sich selbst gelangweilt als von dem Menschen, der er im Augenblick ist. Die Ewigkeit ist uns gewiss – wie spannend und reizvoll erscheint uns hier das Ungewisse. Die Endlichkeit ist ein Spiel, bei dem wir den Ausgang vorher nicht wissen. Der Gott in uns weiß immer, welche Zahlen er würfelt, welche Erfahrung ihn erwartet, weil er es geschehen lässt. Es kann langweilig sein, ein Gott zu sein. Jedes Spiel, das du mit dir selber spielst, ist von Anfang bis Ende bekannt. Es gibt keinen Berg zu erklimmen, keine Medaille zu erringen, keinen inneren Dämon zu bezwingen. Alles ist erklommen, errungen und bezwungen. Du bist. Und das wird immer so sein.

Darum machen wir es uns schwer. Noch schwerer wird es, wenn wir unser eigenes Glück vom Glück anderer abhängig machen. Jetzt werden wir erst glücklich sein, wenn alle glücklich sind! So dauert das Spiel ewig und dreht sich in immer neuen Kreisen.

Selbst das torlose Tor bleibt verschlossen, wenn du den schlüssellosen Schlüssel vergisst. Du unterdrückst, was du bist; es drängt in jeder Sekunde, in jedem Millimeter deines Körpers heraus. Es will sich zeigen und entfalten, es will leuchten und strahlen. Warum sich dagegen wehren? Lass es zu, fühle und fülle die Wahrheit, die du bist. Lass es zu, dieses Licht, das dich berührt, das dich in einen Zustand gleißend heller Freude versetzt – ein Licht, das dich durchflutet, das deinen Körper in dieses frische Gefühl der Freude taucht. Der Freude, zu sein – hier und jetzt.

Wir dehnen uns aus. Und je weiter wir uns ausdehnen, desto lichter und durchlässiger erscheint alles, was wir enthalten. Je mehr Raum wir unseren Gefühlen geben, desto transparenter wird die Welt um uns herum: Materie, Energie, Raum und Zeit ..., alles wird durchsichtig wie aus Glas, weich und flüssig wie Wasser. Je stärker wir uns zusammenziehen, desto dunkler und fester wird alles, was wir enthalten. Die Welt um uns herum erscheint immer undurchsichtiger und bedrohli-

cher, was ein weiteres Zusammenziehen logisch, ja notwendig erscheinen lässt. Beide Bewegungen des Bewusstseins bestärken sich selbst. Je mehr wir uns öffnen, desto weiter wollen wir uns öffnen. Je mehr wir uns zusammenziehen, desto stärker zieht es uns zusammen.

Im einen Extrem sind wir zuletzt ein kleiner, harter Klumpen, ängstlich zitternde Materie, die allein nicht überleben kann, aber zu ängstlich ist, um zu sterben. Im anderen Extrem sind wir ein heller klarer Raum aus weißem Licht, für den alles aus der gleichen, formlosen Form entsteht.

Es ist unsere Entscheidung, in welche Richtung wir gehen. Dehnst du dich gerade aus? Oder ziehst du dich zusammen? In welche Richtung möchtest du gehen?

Erleuchtung ist ein Zustand der Entspannung. Dehne dich aus, bis du spürst, wie deine Innenwelt weicher und heller zu werden beginnt. Wehre dich nicht dagegen. Wehre dich nicht gegen den Schmerz. Diese Wunden deiner Seele sind nur alte Knoten in einem Netz, das du gesponnen hast, persönliches Leid, das du loslassen kannst, in dem Augenblick, in dem du dich wahrhaftig dafür entscheidest.

Wenn du glücklich und liebevoll sein möchtest, wird dich niemand daran hindern. Gib keinem die Schuld an deinem Leid. Die Welt ist unschuldig wie du. Je glücklicher und liebevoller du wirst, desto ähnlicher siehst du dir selbst. Gib ruhig zu, dass du dich vermisst hast. Gib ruhig zu, dass du dir fehlst. Mit dir an deiner Seite macht das Leben wieder Sinn. Du bist die einzige Wahrheit, die du brauchst.

𝓢ophie lacht und legt den Kopf
weit in den Nacken.
»Ich glaub, der Papa hat sich vertan,
als er die Mama geheiratet hat.«
»Warum glaubst du das?«, frage ich.
»Weil er mich viel mehr lieb hat!«

Erleuchtung ist Liebe

Liebe ist das Gefühl, das uns verbindet, das Gefühl, eins zu sein, verschmolzen mit den Menschen und Dingen um uns herum. Liebe ist der Klebstoff der Seele; sie fügt, was zerbrochen wurde, wieder zusammen. Liebe ist das zentrale Gefühl, denn nur was wir lieben, darf zu uns gehören, und nur was zu uns gehört, darf bei uns bleiben, und nur was bei uns bleiben darf, wird konstant mit allem versorgt, was es braucht. Liebe ist das Grundnahrungsmittel unseres feinstofflichen Körpers. Ohne die Liebe zerfallen wir in unsere Einzelteile.

Geliebt zu werden bedeutet, versorgt zu sein. Du bist eingebunden in nährende Ströme und Kräfte, die keinen Unterschied zwischen dir und sich selbst machen. Dein Wohl liegt dem, der dich liebt, so sehr am Herzen wie sein eigenes Wohlergehen. Je stärker die Liebe, desto kleiner der Unterschied zwischen dir und einem anderen Menschen. Liebe verbindet, bis wir verschmelzen.

Erleuchtet sein bedeutet, ganz zu sein. Um ganz zu werden, müssen wir lieben, was getrennt von uns ist, was kaputt gemacht wurde, was sich abgelehnt fühlt. Liebe die Liebe, die dir gebührt. Aber liebe auch die Wut und den Hass, der dich von deiner Liebe trennt. Liebe deinen Egoismus, liebe deine Negativität. Liebe jeden hasserfüllten Satz, den du im Geiste sprichst. All dies gehört zu deinen unendlichen Facetten, und jede Facette des einen Diamanten, der wir sind, ist gleichermaßen schön.

Ob du gut bist oder schlecht, ob du etwas richtig oder falsch gemacht hast, ist weniger wichtig als die Liebe, die du dabei zu dir selbst empfindest. Die Liebe zur Welt und die Liebe zu dir selbst sind identisch. Ganz gleich, was du in der Welt ablehnst – du lehnst es als einen Teil von dir selbst ab und entziehst ihm damit deine schönste Kraft: die Liebe.

Was immer dich auch belastet, was immer dich im Leben stört, braucht deine größte Kraft, braucht deine Liebe. Die Liebe fügt alles wieder zusammen. Die Liebe verbindet und versöhnt dich mit dir selbst. Ganz gleich, wie tief etwas zerbrochen wurde, die Liebe fügt es wieder zusammen und vermag den Raum und die Zeit aufzulösen, um uns zurückzuschenken, was verloren wurde.

Wahre Vollkommenheit erreichen wir erst, wenn wir bereit sind, uns zu verschenken. Solange wir unser Herz angstvoll umklammert halten, bebend in der Ungewissheit, ob die Welt unserer Liebe wert ist, können wir keine Freiheit erlangen. Freiheit ist, alles zu lieben, den Freiraum der Liebe selbst zu erfahren und in gleichem Maße zu geben, wie wir bekommen.

Jede Fülle, die wir im Leben erfahren, ist relativ, ausgenommen die gefühlte Fülle unserer Seele. Ich weiß noch genau, wie berauschend es war, zu erkennen, dass die Energie des Lebens nicht an den Raum gebunden ist, und ich einem Menschen helfen konnte, der Hunderte Kilometer entfernt von mir lag. Ganz gleich, welche Erfahrung du machen möchtest, das Gefühl dieser Erfahrung ist bereits in dir. Öffne dich für dieses Gefühl, und du kannst diese Erfahrung deinem inneren Reichtum beifügen. Innerlich reich und wohlhabend zu werden, sollte das einzige Ziel sein. Wenn du dafür den äußeren Reichtum benötigst – nur zu! Aber sei dir gewiss, dass du im Außen niemals Erfüllung finden wirst.

Warum nicht jeden Tag eine etwas andere Liebe in dein Herz gießen? Warum sich nicht die komplexen, fruchtigen Aromen der Freude gönnen, ganz ohne Wein zu trinken? Da ist so viel Spiel, so viel Spielraum für alle unsere Facetten. Es lag schon viel zu lange brach: das große Glück, lebendig zu sein.

Ein nützliches Mantra hierfür lautet: »Gott liebt mich, und ich liebe die Liebe Gottes. Gott erfreut sich an mir, und ich freue mich über die Freude Gottes. Gott will mich, und ich will, dass Gott mich will. Gott schenkt mir Geborgenheit, und ich lasse mir die Geborgenheit Gottes schenken ...«

»*Immer* wenn ich glücklich bin, kribbelt mein ganzer Bauch. Bin ich verliebt?«

Tina

Erleuchtung ist Freiheit

Der »Gordische Knoten« ist ein Sinnbild für Probleme, die unlösbar erscheinen. Egal, was wir auch versuchen – der Knoten löst sich nicht. Gemäß der Legende zog Alexander der Große sein Schwert und durchschlug den Knoten mit einem Hieb; das war die Lösung des Rätsels.

Die Geschichte des Gordischen Knotens zeigt uns, wie wir mit Problemen, für die es keine Lösung gibt, umzugehen haben. Je komplexer ein Problem ist, desto eleganter und schneller darf die Lösung sein. Alles, was wir dafür tun müssen, ist, die Ebene zu verlassen, auf der das Problem existiert. Die Lösung für das Problem des Gordischen Knotens lag nicht auf der Ebene des Knotens, wo wir ihn analysiert, verstanden und behutsam gelockert hätten. Nein, die Lösung des Knoten war so geschmeidig wie brutal: einfach zerschneiden.

Lass dich von der Unlösbarkeit eines Problems nie von seiner Lösung ablenken. Die Ebene, auf der das Problem liegt, enthält keine Lösung.

Die Probleme, die wir Menschen liebend gern hegen und pflegen, liegen in der Aufarbeitung unserer Seelenprozesse. Beim Wühlen und Stöbern in der Vergangenheit wird jeder fündig. Wem die detaillierte Aufarbeitung alter Themen keine Erlösung bringt, dem steht jederzeit die Möglichkeit offen, einfach loszulassen. Sobald du einen alten Schmerz loslässt, stellt sich ein Gefühl der Befreiung ein. Eine schmerzhafte

Vergangenheit ist ein taugliches Mittel, sich selbst zu verletzen. Das Kramen in den Kellern der Seele ist ebenso geeignet, sich unglücklich zu machen, wie das eigene Unglück tatenlos zu ertragen. Welchen Weg du gehen möchtest, entscheidest du. Aber es liegt auch in deiner Hand, ein Thema loszulassen oder weiter festzuhalten. Diese enorme Kontrolle, die wir in Wahrheit über uns haben, wird häufig unterschätzt.

Zuweilen liegt die Lösung eines Problems nicht darin, es weiter zu analysieren. Zuweilen gibt es keine Lösung auf der Ebene, auf der das Problem liegt. Sobald den Körper etwas vergiftet, hört er auf, es zu verdauen. Er speit es aus oder scheidet es aus. Die Stoffwechselprozesse der Seele sind dem Verdauen nahe verwandt. Auch hier gilt: Es gibt Themen und Probleme, die Gift für uns sind, und die einzige Lösung besteht darin, die vergiftete Kindheit nicht länger zu verdauen.

Deine innerste Klarheit sagt: Es gibt nichts aufzuarbeiten. Wenn du nicht willst, musst du keine Lehre aus der Vergangenheit ziehen, ja nicht einmal begreifen, warum dir etwas Schlimmes passiert ist! Je weniger Energie wir dem Problem zuführen, desto mehr Energie steht uns für seine Lösung zur Verfügung. Warum das Herz verletzt wurde, muss dem Kopf ohnehin ein Rätsel bleiben. Den Kopf als Heiler des Herzens einzusetzen, ist eine mühsame Methode. Umgekehrt fühlt es sich runder an, und das Herz heilt sanft den glühenden Kopf.

Warum nicht erlauben, unlösbar erscheinende Probleme auf völlig neue Art und Weise anzugehen? Warum nicht du selbst sein, ganz so sein, wie du bist? Lieben wir uns für das, was wir sind! Befreien wir uns mit einer Liebe, die wir durch das Loslassen des Lieblosen erfahren! Menschen, Ereignisse und ungeliebte Situationen spiegeln hier nur wider, wie es in unserem Inneren aussieht. Der Kellner, der uns nicht beachtet, berührt unseren gekränkten Stolz und erinnert uns an den großen Bruder, der auch nie mit uns spielen wollte. Die Putzfrau, die nicht richtig sauber macht, erinnert uns an die eigene Mutter, die sich auch nie richtig um uns kümmern wollte, und lässt uns ohnmächtig und traurig zurück. Der Polizist, der uns anhält und bestraft, erinnert an den strafenden Vater und macht uns steif vor Angst.

All das sind Beispiele für automatische Reaktionen im Alltag, denen wir neugierig auf uns selbst nachspüren sollten. Wir können lernen, indem wir genau erfühlen, wie wir auf das reagieren, was uns im Leben widerfährt. Diese Knoten im Körper gilt es zu lösen. Oder wir werden schneller als das Universum und fühlen sofort, wohin uns das Leben lenken möchte, um selbst korrigierend auf uns einzuwirken, *bevor* es das Schicksal tut. Wir hinterfragen unsere Lebensaufgabe dahingehend, ob wir sie auch zum Wohle aller und mit Liebe, Freude und Leichtigkeit erfüllen. Weichen wir von unserem Lebensweg ab, zeigt sich das in negativen Gefühlen, die aus der Trennung entstehen. Ignorieren und verdrängen wir sie, um so weiterzumachen wie bisher, manifestieren sie sich als Verspannungen und Engegefühle bis hin zu Krankheiten und

Leid. Krankheiten und Unfälle sind die Notbremse, die unsere Seele zieht, um uns die innere Ausweglosigkeit zu zeigen.

Wann immer dich ein seelischer Knoten belastet, versuche, ihn nicht zu analysieren, zu lockern oder zu lösen. Lass ihn einfach los. Wie? Er *ist* bereits gelöst. Die schärfste Klinge des Geistes heißt: Klarheit. Das Schwert deiner Klarheit trägt den Namen »Ich bin bereits befreit« und durchtrennt den Knoten schneller als jede Analyse. Lass dich nicht von deinen Schatten ins Dunkel hineinziehen; dunkel wird es erst, wenn du dich für die Dunkelheit entscheidest. Und wenn du das tust, dann liebe sie!

Begegne deiner dunklen Seite mit Achtsamkeit, Liebe und Respekt. Du wirst erleben, wie dein Schatten sich lockert und löst, sobald er sich angenommen fühlt.

Alexander springt vor Aufregung durch das Zimmer, es wirbelt ihn hin und her, es scheint ihn durch die Luft zu heben. »Weißt du was? Das ist mein Drache, und wenn ich den füttere, wird der urwild! Dann spuckt der Feuer – das wirst du schon sehen!«
»Aber wenn du ihn gaaaanz viel fütterst, wird er bestimmt satt«, meine ich zu ihm.
»Nein, niemals! Nie wird der satt, NIE!«
Er hüpft noch zwei-, dreimal durch das Zimmer, bleibt plötzlich stehen und sagt: »Okay, er ist satt.«

Erleuchtung ist keine harte Arbeit

Die meisten Menschen arbeiten ihr Leben lang, anstatt zu arbeiten, um zu leben. Und viele meditieren ihr Leben lang, anstatt zu meditieren, um zu leben. Wir arbeiten alle viel zu hart und zu lange, als dass es uns guttun würde. Es ist nicht notwendig, sich so zu verausgaben, weder physisch noch psychisch.

Frage dich selbst, wie du dein Leben verändern würdest, wenn Geld und Rente keine Motive mehr wären. Dann frage dich, warum du dir dieses Lebensgefühl verweigerst. Materielle Gründe zählen nicht.

Warum sich nicht frei fühlen – ganz gleich, wie das Leben aussieht? Gemessen an der Unendlichkeit: Wem willst du etwas beweisen? Die zwei Fragen, die wir alle an das Leben stellen, sind: »Was darf ich erwarten? Und was habe ich zu befürchten?« Wir schauen, was uns die Welt bietet und was wir ihr bieten müssen, um unser Ziel zu erreichen. So gleicht sich unsere Innenwelt der Außenwelt an statt umgekehrt. Wir sollten von unseren Ansprüchen nicht abweichen, auch wenn uns die Welt diese Ansprüche verwehrt. Beugen wir uns zu oft der Welt, kratzt das an unserem Selbstwert; wir sind geknickt und im schlimmsten Fall gebrochen. Die Erhabenheit eines Heiligen steckt in jedem von uns. Diese Unberührtheit und Unberührbarkeit der Seele glüht in jedem von uns unter der Asche der Sünde, die wir uns freiwillig auferlegt haben.

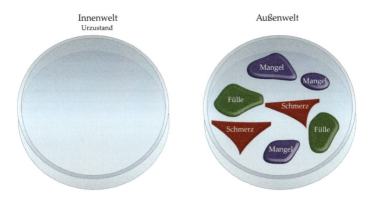
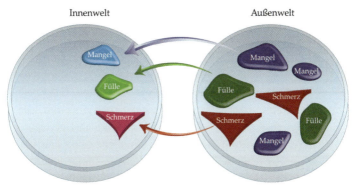
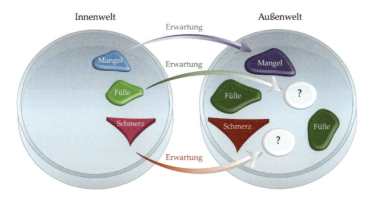

Nichts und niemand ist kostbarer und wertvoller als du. Du bist der Kosmos, du bist das All-Eine, du bist das Göttliche in allem und jedem. Wer außer dir hätte alle Liebe und alles Glück der Welt verdient?

Jeder von uns deckt einen Aspekt des Göttlichen auf. Mozart zeigte uns die Möglichkeit, jederzeit göttliche Musik zu kreieren, und ein Bettler zeigt uns die Möglichkeit, »zwischen den Stühlen« der Gesellschaft zu leben. Beides ist gleichermaßen dazu geeignet, sein Leben zu erfüllen oder zu ruinieren. Die Haltung entscheidet.

Vermehre das Gute nie, um es besser zu machen, als es ist. Alle großen Ideen, Konzerne und Imperien sind zusammengebrochen, nachdem sie ihren Gipfel erreichten. Oft kippt etwas Gutes in sein Gegenteil um, wenn es zu groß wird. Der Erfolg, den wir haben, kann unser Untergang sein. Der Segen, den wir begehren, wird zum Fluch. Ich nenne es das Luzifer-Prinzip: Der höchste Engel wird zum ersten Teufel. Hundert Euro in der Hand sind so gut wie eine Million auf dem Konto, wenn du etwas essen möchtest. Ein Lächeln, das du tief in deinem Inneren spürst, ist so viel wert wie das ewige Lächeln der Buddhas. Strebe nicht nach dem größten Glück, sondern erfreue dich am kleinen. Ein Lächeln kostet nicht viel, aber wer jeden Tag lächelt, ist glücklicher, als wer nur einmal pro Woche laut lacht.

Diese kleine Ekstase jeden Tag ist ein Bedürfnis der Seele. Schauen wir die Kinder an, wie sie lachen und weinen und vor Freude schreien. Dieses kleine bisschen Ekstase sollten wir uns alle täglich gönnen. Glück ist wie ein Muskel. Er kann Berge versetzen, uns einen Glücksrausch schenken. Aber Glück muss trainiert werden, sonst wird dieser Muskel müde und schlapp.

Glück und Geld lassen sich gut miteinander vergleichen. Geld macht uns glücklich – wer das Gegenteil behauptet, hat nie genug davon besessen. Aber Geld macht uns nicht absolut glücklich, sondern relativ. Wer sehr viel Geld hat, muss sehr viel Geld verdienen, um den Gewinn als eine Belohnung zu empfinden. Wer wenig Geld hat, dem reicht auch ein kleiner Gewinn aus, damit er sich belohnt fühlt.

Die Leute wollen sagen: »Ich bin absolut glücklich.« Wenn ich sage: »Ich bin relativ glücklich«, klingt das schwach im Vergleich. Aber das innere Glück des Lebens ist zum Greifen nah. Ich kann es jederzeit erreichen; es steht nicht außerhalb von mir oder in unabsehbarer Ferne.

Erleuchtung bedeutet für viele, absolut glücklich zu sein, absolut frei, absolut klar und absolut rein. Das Absolute widerspricht den natürlichen Schwankungen und Strömungen des Lebens. Wer etwas Absolutes von sich verlangt, wird sich früher oder später überfordern. Das ist lieblos. Das Absolute und Perfekte ist unmenschlich. Und als Mensch etwas Unmenschliches von sich zu verlangen, ist lieblos. Aber Liebe ist das oberste Gebot. Liebe ist das Einzige, was in der Beziehung zu uns selber zählt. Liebe deine Unvollkommenheit, und du erkennst, dass du immer vollkommen bist. Die Reinheit der Seele können wir umso stärker fühlen, je weniger wir danach streben.

Bemesse dein Glück im Leben also am Augenblick und nicht an den Zielen, die du erreichst. Dein Glück *jetzt* ist das Einzige, was zählt. Das Glück der Zukunft ist ein Luftschloss, für das du heute schon Miete zahlst. Du siehst im Glück der Zukunft mehr Wert als in deinem Glück der Gegenwart. Das funktioniert auch mit der Vergangenheit: Die Ruine der Kindheit wird zur einzigen Heimat erklärt, und wir umklammern die Kindheit als ewig schwelende Wunde der eigenen Unzufriedenheit.

All das ist lieblos dir selbst gegenüber. Das Recht, glücklich zu sein, müssen wir zunächst und vor allem von uns selbst einfordern. Der innere Widerstand wird immer der größte im Leben sein. Gemessen an den Widerständen der Seele, die sich dagegen wehrt, frisch, unschuldig und rein zu sein, sind die Widerstände der Welt – trotz Krankheit – klein.

Um dem Glück entgegenzustreben, müssen wir die Angst vor unseren Gefühlen loslassen. Nur wer seine Wut, seinen Hass zulassen kann, wird auch Frieden finden. Es gehört zur Vollkommenheit des Lebens, Trauer, Neid, Angst, Wut, Enttäuschung, Verzweiflung und Niederlagen zu erfahren. All diese Erfahrungen schleifen den Diamanten, der wir sind, und machen unsere schillernde Göttlichkeit aus. Wer immer nur triumphiert, wird nicht daran reifen.

Aus diesem Wissen heraus arbeite ich in meiner Praxis nur mit Heilern zusammen, die vom Morast der dunkelsten Schluchten bis zu den höchsten Gipfeln das gesamte Gefühlsspektrum kennen. Das Spektrum des Lebens macht die Schönheit der Schöpfung aus!

Bei der Wanderung durch die Höhen und Tiefen des Lebens sollten wir das Gepäck reduzieren. Je weniger zusätzliches Gewicht wir dem, was wir fühlen, verleihen, desto rascher geht die Reise, desto beschwingter ist der Schritt.

Viele verharren bei jedem Widerstand, bei jedem negativen Gefühl, auf das sie stoßen. Zweifel, Unwille und zuletzt Resignation mischen sich ein.

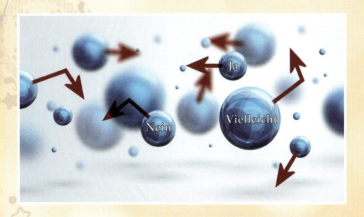

Die Macht der Entscheidung ist hier der Kompass, der uns die Richtung weist. Du musst dich entscheiden und danach deiner Entscheidung treu bleiben können. Jeder Zweifel, jeder Unwille wird sich dieser großen, letztgültigen Entscheidung unterordnen, wurde sie nur klar genug getroffen.

»Wer zu viel trinkt,
der sieht erst doppelt
und dann gar nichts mehr.«

Raphaela

Erleuchtung ist Klarheit

Deine Entscheidung, die du triffst, ist der magische Schlüssel, der die Türen und Tore öffnet, die du vor dir verschlossen hast. Deine Entscheidung *jetzt* ist immer die wichtigste für den Rest deines Lebens. Es gibt kein anderes Kriterium für Erfolg als diese Leidenschaft und Beharrlichkeit für dein Ziel. Wenn du dich wirklich und wahrhaftig entscheidest, wirst du auch ausdauernd sein. Du richtest den Blick auf dein Ziel, Tag für Tag, um das, was du dir wünschst, wahr werden zu lassen.

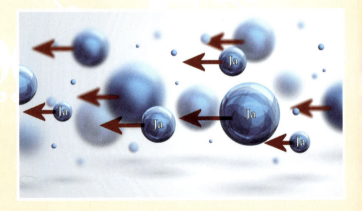

Bei der Heilung und Selbstheilung ist es sehr wichtig, zunächst einmal zu akzeptieren, was wir nicht kontrollieren können, aber nur, um zwischen dem, was wir ändern können, und dem, was wir nicht ändern können, zu unterscheiden.

Die Lösung eines unlösbaren Problems liegt darin, es nicht länger lösen zu wollen. Zerschlage den Gordischen Knoten, anstatt ihn verstehen zu wollen.

Verbinde dich mit deinen Feinden. Versöhne dich mit deinem Schatten. Akzeptiere, ja liebe, dass du sterblich bist. Je weniger du kontrollieren musst, um dich wohlzufühlen, desto mehr Kontrolle besitzt du. Liebe das Unausweichliche, liebe das Unvermeidliche, liebe das, was du hasst. Diese Entscheidung *jetzt* zu fällen ist der magische Schlüssel zur inneren Stärke. Das, was du nicht kontrollieren kannst, offenbart sich oft als das Beste, was dir passieren konnte. Die Steine, die uns im Weg liegen, sind in Wahrheit der gepflasterte Weg, den wir gehen.

Die häufigste Frage, die ich höre, ist: Wenn wir alle einer so übergroßen Intelligenz entstammen, die gleichermaßen Schöpfer wie Schöpfung ist, wieso kümmert sich diese höhere Intelligenz dann nicht besser um uns?

Das ist die Frage aller Fragen ... Warum leiden wir? Warum lässt das Göttliche all das Leid auf der Erde zu?

Meine Antwort ist: Weil die Quelle, der wir alle entstammen, zwar alles enthält und hervorbringt, aus diesem Grund aber auch nichts negativ wertet. Wie könnte eine Kraft, die alles ist und darum auch alles hervorbringt – das Gute wie das Böse –, eine Seite bevorzugen? Die höchste Energie, die wir *sind*, wertet nicht. Sie beobachtet alles gleichermaßen aufmerksam, alles gleichermaßen mit ihrer Energie versorgend. Dem Göttlichen in uns ist es egal, ob wir krank sind oder nicht, ob wir arm sind oder reich. Der *Mensch* in uns wertet, begrenzt in Raum und Zeit, und darum leidet er. Die negative Wertung ist der Beginn des Leides. Zugleich ist es keine Lösung, alles positiv zu sehen. Dieses Rätsel zu lösen, diesen Gordischen Knoten zu zerschlagen, ist das Ziel dieses Buches.

»Gott schaut Fernsehen,
und das ist die Welt.«

Lilly

Erleuchtung ist ein Zustand

Im Zustand der Klarheit erkennen wir, dass wir keine Person sind, kein Mensch, kein Körper, kein Geist. Unser Alltagsbewusstsein ist wie ein Zimmer, das wir bewohnen, vollgestellt mit allem, was wir brauchen oder tagtäglich benutzen. Nimmst du all das heraus, was in diesem Zimmer steht, bleibt am Ende nur eine Instanz übrig: du, als handelnde Person, die alles aus dem Zimmer herausgenommen hat. Jetzt erkennst du, dass nur einer Unordnung in das Zimmer bringt: du selbst. Löst du dich in dieser Selbsterkenntnis auf, wirst du ein Zustand, unveränderlich, unzerstörbar, unendlich. Jetzt bist du alles: Das leere Zimmer, das volle Zimmer, der Zustand der Fülle, der Zustand der Leere, du bist alle Personen, die jemals durch dieses Zimmer gelaufen sind, hindurchlaufen und jemals hindurchlaufen werden.

Du bist frei. Du bist ganz.

Du wirst jetzt fühlen, dass jeder Gegenstand in diesem Zimmer, jeder Inhalt deines Bewusstseins, gleichermaßen geeignet ist, Leid zu erzeugen. Das Gute wie das Schlechte kann uns Schmerzen zufügen, sobald wir aus der Trennung heraus handeln. Jedes Gefühl, das wir hegen, macht nur Sinn, wenn wir von einem realen Objekt ausgehen, dem dieses Gefühl gilt. Ich kann nur dann Angst haben, wenn ich von etwas real Existierendem ausgehe, das getrennt von mir ist. Solange du eins bist, gibt es keine Angst, denn du fürchtest dich nicht vor dir selbst.

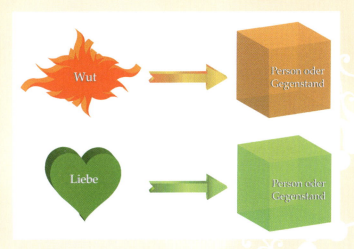

Angst ist ein Zeichen der Trennung. Aber auch Freude ist ein Zeichen der Trennung, so wie auch jedes andere Gefühl. Gefühle brauchen ein Gegenüber, auf das sie sich richten. Im Zustand reinen Seins ergeben Gefühle keinen Sinn. Gefühle, gleich welcher Art, gehen aus der Trennung hervor und ziehen uns in die Trennung zurück. Auch die Liebe richtet sich von einer Person auf eine andere. Was wäre, wenn weder hier noch dort ein reales Gegenüber existierte? Was passiert mit der Angst, der Freude, der Trauer, der Liebe, wenn sie ihr Gegenüber verlieren?

Sie verschwinden nicht einfach, doch kehren sie in ihren (Ruhe-)Zustand zurück. Sie wechseln den Aggregatzustand, wandeln sich von der Quantität zur Qualität. Als Qualität ist die Liebe unendlich – ganz gleich, wie viele »Liebespartikel«

du gerade verströmst. Als Qualität ist die Freude unendlich – ganz gleich, wie viele Freudestrahlen du gerade verschickst. Und als Qualität ist deine Erleuchtung unendlich – ganz gleich, ob du dich gerade als Stein in der Wüste fühlst oder eingetaucht bist in den großen Ozean des Seins.

Wer hätte Angst vor seinen eigenen Händen? Wer wäre wütend auf seine Füße? Solange wir eins sind, mit allem verbunden, hegen wir keine negativen Gefühle; sie ruhen. Liebst du das süße Fleisch der Frucht beim dritten oder beim vierten Biss mehr? Welcher Schluck Wasser befriedigt deinen Durst am meisten? Solange deine Bedürfnisse gestillt sind, schwelgst du in deinen positiven Gefühlen. Sie werden nicht schwächer und nicht stärker, sie sind ein wohliger Zustand, so wie du.

Um diesen Zustand reinen Seins zu halten, betrachten wir das Leid, ohne das Leid zu sein. Die Wahrnehmung des Leides ist frei von Leid. Den eigenen Wahnsinn wahrzunehmen ist frei von Wahnsinn. Was du dein Leben lang geglaubt hast zu sein, deine Persönlichkeit, wird jetzt den größten Anteil an deinem Leid erzeugen. Die Persönlichkeit bewirkt, dass wir verklebt – oder wie Buddha gesagt hat: »verhaftet« – mit unseren Launen, unseren Schmerzen, unseren schlechten Verhaltensweisen sind. *Wer* wir sind, ist im Alltagsbewusstsein wichtiger als *was* wir sind.

Was wir besitzen, definiert wiederum, wer wir sind. Ganz unbemerkt ist dabei Folgendes geschehen: Wir haben unseren göttlichen Wert, unser kostbarstes Gut, der materiellen Welt überschrieben. Wir haben unsere unschätzbare Seele genommen und ein Preisschild darauf geklebt. Jetzt sind wir käuflich, wir sind bestechlich, jetzt lassen wir uns sagen, wer wir sind und wie wir zu sein haben, weil wir nicht länger spüren, wie unschätzbar wertvoll wir sind. Andere können jetzt darüber bestimmen. Jetzt ist unser angeschlagener Selbstwert verletzbar und käuflich. Das ist die größte Sünde von allen. Was für eine fatale Situation!

Jeder, der dauerhaft Erleuchtung erlangt, wird seine Persönlichkeit loslassen wollen als etwas, das ihn von seinem wahren Zustand trennt. Im Zustand der Erleuchtung sind wir alle gleich. Wir sind ein und dasselbe. Darum pflanzen sich Tiere und Menschen körperlich fort, Buddhas dagegen vermehren sich rein geistig. Erleuchtung steckt an – wie das Feuer, von Fackel zu Fackel getragen, weiter und weiter immer schneller ein Meer der Lichter entzündet, bis die Welt der Menschheit leuchtet wie am ersten Tag.

»*I*ch bin klein,
mein Herz ist rein,
soll niemand drin wohnen
als … ICH allein.«

Sophie

Selbstwert ist alles

Der Wert eines Menschen ist unantastbar; er ist unser höchstes Gut, das Maß aller Dinge. An unserem Wert ermessen wir, was unsere Mitmenschen wert sind, die Lebewesen um uns herum, das Leben, ja die ganze Welt. Wird unser Wert gemindert und dadurch verletzt, ist das Eichmaß zerstört. Fortan messen wir uns selbst und damit auch den Menschen um uns herum weniger Wert bei. An die Stelle eines kosmischen, reinen und unberührbaren Selbstwertes, den alle gleichermaßen teilen und besitzen, kann nun ein flüchtiger Objektwert treten, der durch Leistungen, Gold und Güter erreicht, aber nie erhalten werden kann. Hier erscheint unsere falsche Erziehung wie ein Übersetzungsfehler im Wörterbuch der Gefühle. Liebe ist unendlich; sie ist ein Zustand, den wir nie real verlassen können. Dennoch erziehen viele Eltern ihre Kinder, indem sie ihnen ihre Liebe entziehen. Das beschämt nicht nur sie selbst, sondern auch ihre Kinder. Nicht nur sie selbst, auch ihre Kinder werden sich dafür schuldig fühlen. Und beide werden sich selbst dafür hassen. Denn Liebe als Zustand, als eine Gewissheit, die uns nicht genommen werden kann, vermehrt sich, indem wir die Liebe teilen.

Das Gleiche gilt für unseren Wert. Sobald Eltern den Wert ihres Kindes wiegen, ihn schätzen oder missachten, messen sie einem Kind mehr oder weniger Wert und Bedeutung als einem anderen Kind bei. Dem eigenen Kind zu viel Wert beizumessen, bedeutet wiederum eine Abwertung aller anderen Kinder. Beides schädigt das Eichmaß der Seele; beides führt zur Beschädigung dieser kosmischen (Maß-)Einheit. Der Wert aller Wesen ist gleich – egal, was wir erreichen, erschaffen oder besitzen.

Auf der Insel Bali existieren alte Tempelanlagen, wo, zwischen Bäumen und Säulen kletternd, heilige Affen leben. Die Selbstverständlichkeit, mit der sich auch junge Affen der Wasserflaschen, Bananen und Kameras der Touristen bedienen, erstaunte mich. Der Selbstwert ist für diese Tiere selbstverständlicher als für uns Menschen. Ja, ich glaube, der Mensch ist eines der wenigen Tiere, die von klein auf mit dem Gefühl aufwachsen, ihren Wert im Leben erst noch beweisen zu müssen. Das Recht, glücklich zu sein, muss sich der Mensch erst verdienen. Den wilden Tieren auf unserem schönen Planeten wurde dieses Leid erspart – ein Grund mehr, von ihnen zu lernen.

Der gleichgesinnte Wahnsinn macht uns Menschen kompatibel. Darum kränken wir uns gegenseitig so, wie wir selbst gekränkt wurden. Wir machen einander gleich, um nicht allein zu sein. Jeder schätzt seine Einzigartigkeit, aber wehe, jemand ist anders! Diese Paradoxie ist ein Gordischer Knoten unserer Gesellschaft. Wut, Trauer, Angst und Scham sind Gefühle, die jeder kennt und leicht mit seinem Innenleben verbindet. Aber das Gefühl, kostbar und wertvoll zu sein, ist schwer fühlbar geworden. Wir benutzen Dinge, um es zu bekommen. Wir behängen uns mit Schmuck, kaufen neue Möbel und Autos, und im Abglanz dieser neu schimmernden Dinge fühlen auch wir ein Stück weit wieder diese Kostbarkeit. Aber wie lange? Minuten? Stunden? Vielleicht ein paar Tage, und schon ist dieses Gefühl wieder verloren; das kleine, süße Glimmen in unserem Inneren ist verloschen. Also stürmen wir erneut die Läden und Kaufhäuser, immer auf der Suche nach unserem Wert – einem Wert, der nicht käuflich ist – egal, wie viel wir dafür ausgeben werden.

Die Erfahrung, wertvoll und kostbar zu sein, war bei vielen Menschen so selten, so flüchtig, dass sie kein Gefühl dafür bekommen haben. Der Selbstwert ist die blaue Blume der Leistungsgesellschaft: Keiner weiß, wie sie aussieht. Der Selbstwert ist die Frucht, die alle suchen, aber keiner weiß, wie sie schmeckt. Wert und Würde eines Menschen sind zur hohlen Phrase geworden. Von allen im Munde geführt, weiß niemand, wovon er spricht. Wie wertlos sich der Mensch in seiner Summe fühlt, das zeigt uns der Planet, auf dem er lebt. Wie lieblos und achtlos wir miteinander und mit der Natur umgehen, zeigt das wahre Ausmaß dieses gleichgerichteten Wahns.

Wurde der Selbstwert verletzt, ist es geboten, ihn zu verteidigen. Der Hass beschützt unseren Selbstwert. Es ist der Hass, der unseren Selbstwert verteidigt. Sobald wir etwas oder jemanden hassen, können wir davon ausgehen, dass er uns in unserem gekränkten Selbstwert berührt. Das tut weh; die blauen Flecken der Seele schmerzen, wenn sie berührt werden. Und sie schmerzen umso mehr, je negativer die Wertung dieser Berührung ist. Berührt uns ein Mensch liebevoll an einem alten Schmerz, kann sich das gut anfühlen.

Werten wir die gleiche Berührung dieses Menschen als negativ, übergriffig und infam, wird sich der Schmerz verdoppeln.

Selbst »Genervtsein« fällt darunter. Nervt uns eine Person, hassen wir sie in Wahrheit ein bisschen; sie berührt die Wunde unseres Selbstwertes. »Genervtsein« ist die kleine Schwester des Hasses.

Darum lernen wir von unseren Feinden mehr als von unseren Freunden. Alles, was unsere Liebe strapaziert, macht sie stärker. Jeder, der unseren Wert vermindert, zeigt uns auf, wo unser Selbstwert in Wahrheit bereits vermindert ist. Darum reift die Seele dank ihrer Feinde schneller heran als allein. Wir können unseren Feinden dankbar für ihre Hilfe sein.

Wie der Volksmund sagt, haben wir die »Wut im Bauch«. Drei Fingerbreit unterhalb des Bauchnabels liegt ihre Quelle, unser Vitalchakra (auch als Sexualchakra, Sakralchakra oder Nabelchakra bekannt). Wie in der Grafik (siehe nächste Seite) zu sehen, schützen Wut und Hass unseren Selbstwert. Der Hass ummantelt den Selbstwert von allen Seiten. Das bedeutet, wir können wütend, zornig oder verärgert sein aus Gründen, die mit dem Selbstwert nichts zu tun haben. Der Hass hingegen ist ein Gefühl, das *direkt* auf eine Kränkung des Selbstwertes hinweist.

Der Selbstwert im Kern des Vitalchakras entscheidet darüber, wie viel Vitalität und Sexualität, also Lebens- und Fortpflanzungskraft, wir uns selbst zuschreiben.

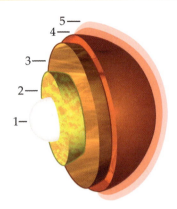 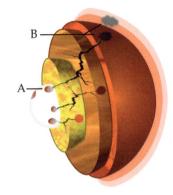

1 Selbstwert, 2 Hass,
3 Wut, 4 Vitalchakra,
5 Aura

A Wunde im Selbstwert
B Auswirkungen einer Wunde auf weitere Ebenen des Lebens

Das Alphatier in der Gruppe hat immer den gesündesten Selbstwert. Tiere in der Rangfolge darunter zeigen zuweilen Wunden im Selbstwert, in die das Alphatier psychisch und physisch stoßen kann, um seinen Rang zu behaupten. Reift und heilt der Selbstwert zu seiner natürlichen Größe und Kraft, sind wir alle wieder gleich viel wert. Wir sind alle wertvoll und kostbar.

Die Verletzung des Selbstwertes bewirkt überhaupt erst die Herausbildung eines schlechten Gewissens. Das Gewissen ist so gesehen der innere Antreiber, der versucht, uns mit Druck und Schmerz zu motivieren, unseren Wert neu zu beweisen. Das Gewissen erlaubt uns zugleich nicht, den Selbstwert zu heilen. Erfolge, die wir erzielen, sind nie genug – ein Perpetuum mobile des Leides. (Mehr dazu in: Hartmut Lohmann, *Lebensenergie im Gleichgewicht*, KOHA 2014.)

Ist der Selbstwert gesund, gleicht er in Farbe und Form einer goldgelben Kugel. Sein Gewicht ist leicht, er strahlt klar und kraftvoll in den ganzen Körper und darüber hinaus.

Im Märchen »Der Froschkönig«, das vom Verlust des Selbstwertes erzählt, fällt einer jungen Königstochter beim Spiel ihre goldene Kugel – Symbol für den Selbstwert – in den Brunnen. Der Frosch, der in dem Brunnen wohnt, bietet an, ihr zu helfen. Als Gegenleistung wünscht er sich, ihr Freund zu werden, Tisch, Teller und Bett mit ihr zu teilen. Der Frosch steht für das Eklige, Hässliche, das wir hassen, aber auch für unseren Sexualtrieb. Der Frosch will König und Ehemann sein, bei der Prinzessin wohnen und schlafen. Sobald unser Selbstwert verloren geht, tritt das Hässliche und Eklige in unser Leben.

Im Märchen rennt die Königstochter einfach fort, nachdem der Frosch ihr die goldene Kugel zurückgegeben hat. Aber der Frosch kommt an die Tür des Königsschlosses, und auf Drängen des Königs, ihres Vaters, bekennt sich die Prinzessin widerwillig zu ihrem Versprechen. Fortan muss sie mit dem Frosch an einem Tisch sitzen, er darf von ihrem Teller essen, aber als der Frosch sie auffordert, ihn mit in ihr Bett zu nehmen, ist die Abscheu zu groß. Die Prinzessin wirft den schleimigen und hässlichen Frosch an die Wand. In diesem Augenblick verwandelt sich der Frosch in einen Prinzen; er war von einer bösen Hexe verwünscht und ist endlich befreit.

Was wir daraus lernen können: Wer zu seinem Hass steht und seine unterdrückte Energie herauslässt, kann nicht nur seinen Selbstwert zurückerlangen, sondern entdeckt auch das Schöne und Königliche in Gefühlen des Ekels und des Hasses.

Und noch etwas lernen wir aus dieser Geschichte: Der Selbstwert ist ein Familienthema. Ginge es nur um den eigenen Wert, wäre das Gewicht nicht so groß. Die Person, deren Wert verletzt und gekränkt wurde, strebt danach, den eigenen Wert wiederherzustellen und damit auch den Wert der Eltern, den Wert der Mitmenschen, ja zuweilen den Wert der ganzen Welt.

Diese enorme Last auf den Schultern provoziert ein ebenso extremes Verhalten: das magersüchtige Model, dessen Seele verhungert; der alkoholkranke Geschäftsmann, der sich keine Pause gönnt; die überfordernde Mutter, die all ihre Leistungsansprüche auf ihre Tochter überträgt.

Der Wert eines glücklichen Lebens liegt in seiner Schlichtheit. Wertvoll zu sein ist das Grundrecht jeden Lebens. Unser Wert muss weder erarbeitet noch verteidigt werden. Wertvoll und kostbar zu sein ist eine Qualität, ein Zustand, der nicht vermehrt, nicht größer oder kleiner gemacht werden kann; wir werden damit geboren. Erlauben wir unseren

Mitmenschen, über unseren Wert zu entscheiden, treten wir ihnen unsere Grundrechte ab. Genau das ist in der Kindheit geschehen; wir glaubten unseren Eltern und Lehrern mehr als uns selbst. Und so ging unser Kern, unser innerstes Gefühl für uns selbst, unser Selbstwert verloren.

Je größer der Schaden ist, desto fremder, abhängiger und getriebener fühlen wir uns, und zwar nicht nur gelegentlich, sondern Tag und Nacht. Der Wert der eigenen Person, der Wert des Körpers, der Wert des Lebens ist verloren gegangen. Ihn in der Außenwelt zu suchen ist vergebens. Und oft hindert die eigene, hasserfüllte Minderwertigkeit uns daran, diesen Selbstwert zu fühlen. Angetrieben von der Suche nach sich selbst, dem Wesenskern, der Selbstliebe und -wertschätzung, hetzen oder irren viele Menschen durch ihr Leben.

Wenn die Liebe der Eltern unerreichbar ist, der Wert eines Menschen von seinem Äußeren oder seiner Leistung abhängt, wenn Gegenstände oder Idole vergöttert, aber die einfachen Menschen missachtet werden oder Gewalt und Angst den Alltag des Kindes prägen, sind das harte Schläge auf den Selbstwert.

Deinen Selbstwert zu heilen ist darum eine der wichtigsten Aufgaben im Leben. Er ist wie ein Bündel aller negativen Erfahrungen. Er hat ein Gedächtnis, das tief in eine Zeit ohne Worte und Bilder hinabreicht. Deinem Kern, deiner inneren Wertigkeit wieder liebevoll zu begegnen, ohne deine Wunden abzulehnen, ist der erste Schritt. Erlaube deinem Selbstwert, verwundet zu sein, nur so kann er sich auch zeigen, wie er ist. Und nur wenn er seine Wunden zeigen darf, können wir ihn auch heilen.

Übung zur Heilung des Selbstwertes

Setze oder lege dich ganz entspannt hin und achte darauf, wie dein Atem sanft in deinen Unterbauch strömt. Jeder Atemzug bringt dich tiefer und tiefer in deinen Körper hinein, sobald du das erlaubst. Schließe deine Augen. Ganz gleich, welche Empfindungen sich in deinem Unterbauch zeigen: Sie dürfen so sein, wie sie sind. Entspanne dich noch tiefer in deinen Körper hinein. In deinem Bauch, drei Fingerbreit unter dem Nabel, ist das Zentrum einer orangenen, ätherischen Hitze, dein Vitalchakra. Richte deine Aufmerksamkeit auf diesen Punkt und fühle, wie die Wärme in deinem Bauch erwacht. Sollten Widerstände auftauchen, dürfen sie auftauchen. Erlaube deinem Körper zu entspannen. Spüre, wie sich dein Körper unter deinen sanften Atemzügen beruhigt.

Erlaube, dass jetzt dein Selbstwert vor dir erscheint. Der Wert, den du besitzt, darf vor dir und deinem Bauch erscheinen wie ein Objekt, das im Raum schwebt. Du kannst jetzt in deiner Vorstellung beide Hände danach ausstrecken. Erlaube, dass sich dein Selbstwert dir in die Hände legt. Spüre und fühle genau, wie er sich zeigt. Ist er leicht oder schwer? Groß oder klein? Hell oder dunkel? Warm oder weich? Ist seine Oberfläche rau oder glatt? Tut es weh, ihn zu berühren?

Erlaube dem, was du in den Händen hältst, ganz bewusst, dir seine Wunde zu zeigen. Sprich dafür im Geiste: »Du darfst mir deine Wunde zeigen.« Berühre diese Wunde ganz sacht; diese Wunde darf jetzt heilen. Wiederhole dafür im Geiste diese Sätze, die du wie ein kleines Mantra sprichst: »Ich erlaube einer göttlichen Kraft, diese Wunde zu heilen. Und ich gönne dir alle Liebe und alle Geborgenheit, die du brauchst, um zu heilen.«

Langsam wird die Wunde schmelzen wie Butter in der Sonne. Dein Unterbauch wird warm und weich werden, der Selbstwert in deiner Hand wird strahlen wie eine kleine

Sonne. Der aufgebaute Stress sinkt in sich zusammen. Atme entspannt weiter. Genieße diesen Augenblick. Die Wärme in deinem Bauch breitet sich wie eine warme Flüssigkeit in deinem Körper aus. In dieser Wärme lockern sich die Knoten und Schlingen im Körper, die dich gefangen halten.

Atme entspannt weiter, und die Spannung geht immer weiter zurück und macht diesem Wohlgefühl Platz, das hell, klar und weich deinen Körper erfüllt. Erlaube jetzt deinem Selbstwert ganz bewusst, dich und deinen Körper zu erfüllen: »Du bist wertvoll und kostbar, und ich erlaube dir, mir dieses Gefühl zu schenken. Ich bin wertvoll und kostbar, und ich erlaube mir, wertvoll und kostbar zu sein.«

Zärtlich strahlt die Energie in dir und strömt von deinem Bauch und deinen Händen in deinen Körper zurück. Die Wärme fließt in deine Beine, und deine Beine werden warm und weich. Deine Füße lockern sich, deine Gelenke entspannen. Atme weiter und lass das Licht dich vollständig ausfüllen.

»Ich muss meine Sünden beichten, dabei fällt mir gar keine ein. Kannst du mir eine sagen?«

Maja

Erleuchtung ist die Befreiung von Schuld

Viele Menschen fühlen sich bewusst oder unbewusst schuldig. Schuld und Sühne sind tragende Säulen jeder Religion. Sie stützen uns oder bringen uns zu Fall. Ihre magische Kraft kann uns gefangen halten oder befreien. Denn Schuld existiert nur als ein Gefühl; wer das Gefühl der Schuld verleugnet oder verdrängt, ist sich keiner Schuld bewusst. Umgekehrt können aber auch Opfer des Missbrauchs und der Gewalt ein Leben lang unter Schuldgefühlen leiden, obwohl ihnen, neutral bemessen, keine Schuld zukommt.

Doch es gibt keine Schuld, du warst nie schuldig und wirst nie schuldig sein; dies zu verstehen bedeutet, Freiheit zu erlangen. Gib die Idee auf, alles richtig machen zu müssen. Gerade böse Menschen sind von der Idee besessen, das Richtige zu tun. Etwas richtig oder falsch zu tun, ist ein Wahn, den niemand außer dir selbst kurieren kann. Diese Chimäre rumort in den Köpfen der Menschen. Das Spiel der Schuld und Sühne nicht zu spielen bedeutet nicht, dem Bösen in der Welt mehr Platz zu schaffen, sondern liebevoller zu dir selbst zu sein. Du bist göttlich – verzeihe dir deine Menschlichkeit. Du bist mächtig – vergib dir deine Ohnmacht. Du bist rein – vergib dir deine Sünden.

Schuld ist ein Gefühl, das es zu befreien gilt. Zu wissen oder zu denken, man sei unschuldig, reicht nicht aus. Es ist besser, sich ganz für jenen Teil zu öffnen, der felsenfest von deiner Schuld überzeugt ist. Wehre dich nicht dagegen, gehe auf ihn zu, öffne dich für ihn und lass ihn wieder bei dir sein.

Alles, was wir einander antun, tun wir uns selber an. Jede Lieblosigkeit und Gewalt, die du nach außen richtest, geht von dir aus und richtet sich gegen dich selbst. Schau nach innen und nicht nach außen. Es spielt keine Rolle, was du jemandem angetan hast und ob er dir verzeiht; solange du dir nicht selbst verzeihst, wirst du keinen Frieden finden.

Jeder Täter war einst Opfer, und jedes Opfer wird zum Täter, und sei es in Albträumen, in seinem Selbsthass oder in Schuldgefühlen. Darum können wir dem Gott in uns erlauben, dem Gott im anderen zu verzeihen. Von Mensch zu Mensch verzeihen fällt oft schwer oder ist sogar unmöglich; der Gordische Knoten kann nur durchtrennt werden, wenn wir die Ebene des Menschlichen verlassen. Das passende Mantra dazu lautet: »Ich erlaube dem Gott in mir, dem Gott in dir zu verzeihen. Und ich erlaube dem Gott in dir, dem Gott in mir zu verzeihen.«

Das ewige Spiel aus Opfer und Täter, Schuld und Sühne kann so beendet werden. Denn auch Schuldgefühle sind alt – genauso wie alle negativen Gefühle in uns. Jedes Gefühl, unter dem du leidest, hat eine lange, alte Geschichte und ist stark mit deinem persönlichen (Er-)Leben verbunden. Wer seinen negativen Gefühlen nachspürt, bemerkt, dass diese immer eine Geschichte haben, eine Erinnerung, ein Erlebnis, wohingegen die positiven Gefühle selten eine Geschichte erzählen, sie sind jung und frisch und bringen dich ins Hier und Jetzt zurück.

Das bedeutet: Sich mit den Geschichten seiner negativen Gefühle zu befassen, nimmt nie ein Ende. Es werden immer neue Gründe hochquellen, die wie ein Beweis für die Schuld und die Maßlosigkeit des eigenen Erlebens sind. Besser ist es, sie zu empfangen und anzunehmen, wie die positiven Gefühle auch. Wenn du beim Bäcker stehst und plötzlich ein Glücksgefühl durch deinen ganzen Körper weht – du dich behaglich, weich und irgendwie getragen in deinem Leben fühlst, vom Glück geküsst –, würdest du dich vielleicht kurz wundern, dann aber darüber freuen, dass sich dieses Gefühl gezeigt hat.

Ganz anders wäre es, wenn du plötzlich stinkwütend würdest und plötzlich vor Wut platzen könntest. Diesem Gefühlsereignis wirst du noch lange nachhängen, nachgrübeln und nachspüren. Wahrscheinlich möchtest du ergründen, wo es herkam, wer »schuld« an diesem plötzlichen Wutausbruch hatte.

Schenken wir unseren negativen Gefühlen die »Unschuld« zurück, können wir sie wieder neutral erleben. Wenn wir sagen, niemand hat Schuld und es gibt nur das Gefühl, schuldig zu sein, erleben wir einen plötzlichen Gefühlsausbruch der Wut als ebenso lebendig, frisch und jung, als eine Kraft, die uns in die Gegenwart, ins Hier und Jetzt zurückbringen kann, wie es die Freude oder die Liebe getan hätte. Die Befreiung der (Gefühls-)Welt von Schuld ist ein Prozess der Verjüngung. Es mag völlig vergraben sein in den Tiefen der Seele – aber wir *wollen* oft das, worunter wir leiden. Wir *wollen*, dass unser Leben anstrengend, lieblos und mitunter qualvoll bleibt. Warum?

Oft fühlen wir uns schuldig am Unglück des Vaters oder der Mutter. Wir denken, ohne uns wären sie besser dran. Wir nerven, stören und müssen darum beweisen, es wert zu sein, geliebt zu werden. Das hat sich festgesetzt, und schlimmer noch: Wir geben dieser Annahme recht; wir glauben selbst, Abbitte leisten zu müssen, keine Liebe oder Gnade ohne Leistung, Schönheit oder Erfolg verdient zu haben.

Unsere Schuld muss gesühnt werden. Aber wie? Indem wir ein unglückliches Leben führen, indem wir erfolglos bleiben, ein Versager, oder indem wir alles erreichen, um es anschließend zu verlieren. Wir wählen die Bestrafung für unsere Sünden selbst, und unser Leben erzählt davon.

Als Jugendliche verwandeln sich unser Körper, unsere soziale Stellung und Gesinnung, gemeinsam formen sie unsere Identität. Dies kann der letzte Schliff eines Brillanten sein oder uns ein Leben lang als Verlierer brandmarken. Der Wechsel vom abhängigen Kind zum selbstverantwortlichen Wesen ist auch seelisch einer der wichtigsten Schritte in unserem Leben. Wer hier stolpert, der strauchelt und hadert oftmals ein Leben lang.

Für unseren Selbstwert entscheidend ist das Vorbild, aber auch Gegenbild unserer Eltern. »Niemals will ich so werden wie meine Mutter/mein Vater!« ist ein ebenso tiefes Gebot, wie die Eltern als Idole anzusehen. Wer komplett anders als seine Eltern werden möchte, wehrt sich gegen sein Erbgut und seine Erziehung. Wann immer das eigene Verhalten sich dem Verhalten der Eltern angleicht, ist Scham, Schuld, Wut oder gar Hass die Abwehrreaktion. Zu akzeptieren, dass die eigenen Eltern – körperlich spürbar – Teil des eigenen Erlebens und Lebens, ja Teil des eigenen Körpers sind, ist der erste und wichtigste Schritt.

Jetzt gilt es, sich mit den Eltern auszusöhnen; das ist durchaus in einem rein geistigen Gespräch möglich. Lade deine Mutter oder deinen Vater ein, im Geiste vor dir zu erscheinen. Du wirst die Anwesenheit deines Elternteils durch die Abwehrreaktion deines Körpers spüren: Spannungen tauchen auf, wo vorher keine waren. Gib diesen Spannungen Raum, öffne dich dafür. Du kannst dem Druck und Widerstand in deinem Körper einen Namen geben; benenne deine Gefühle genau. Diese Empfindungen jetzt zurück an deine Eltern zu geben ist der Weg in die Freiheit. Sprich sie laut im Geiste aus: »Du machst mir Angst / du machst mich wütend / du tust mir weh.« Zuletzt, an der tiefsten Wunde angekommen, sollten wir den Wunsch nach Liebe und Heilung ebenfalls delegieren und verkünden: »Ich will, dass du mich heilst und liebst!« Jeder dieser Sätze sollte so oft ausgesprochen werden, bist du spürst, wie die negativen Gefühle schwinden und den darunter verborgenen positiven Gefühlen Platz machen.

»*M*ein Lieblingstier
ist Gummibärchen.«

Timo

Erleuchtung ist Fülle

Es ist alles da, jederzeit. Jede Information existiert an jedem Ort zu jeder Zeit. Es braucht kein Papier, sie aufzuschreiben, es braucht kein Buch, sie zu erhalten. Alles, was existiert, ist ein lebendiger Ausdruck der Ewigkeit. Das Ewige gibt sich eine Form, und wir nennen es Weltraum. Das *eine* Bewusstsein lebt in dieser Form, und wir nennen es Sand, Wasser, Bäume, Tiere und Menschen ... Es gibt nur das *eine* Bewusstsein; worüber wollen wir also reden? Was gibt es denn schon zu wissen oder zu tun, dessen Antwort nicht die *eine* wäre: »Ich *bin*.«

All das bist du. Du bist ein Ozean, der alles, was existiert, wie warme und kalte Flüssigkeiten in sich enthält. Ein Leben zu beenden und ein Neues zu beginnen ist nicht mehr, als eine Flüssigkeit in eine andere fließen zu lassen. Du bist der Fisch im Wasser, dessen weicher, glänzender Körper als Welle unter Wellen dahinschnellt. Du bist ein Stein, dessen innere Ruhe seit Jahrtausenden glatt gewaschen wird. Du bist die Sonne, die, sich selbst verzehrend, im Wissen der eigenen Unendlichkeit verbrennt. Du bist ein Mensch, der all dies verzaubert betrachtet.

Je höher und schneller du schwingst, desto langsamer vergeht die Zeit. Was dich gestern noch belastet haben mag, ist sehr weit weg von dir. Ein solider Weg in diese höhere Schwingung führt über das Loslassen der Vergangenheit; stabil wird es durch das Loslassen der Zukunft.

Egal, wogegen wir uns wehren: Jede Art des Widerstandes kreiert weitere Widerstände. Je mehr wir ablehnen, desto mehr gibt es abzulehnen. Wer sich gegen das eine wehrt, wehrt sich auch gegen das andere. Aber auch jede Form von Lust kreiert neue Formen von Gelüsten. Es gibt nur eine Droge: Abhängigkeit. Und es gibt nur eine Währung: Vertrauen. Vertraue dir selbst, vertraue dem Leben und fühle, wie das Spiel des Kosmos dich erfreut. Du brauchst keine Drogen, keine Zigaretten, keinen Alkohol, wenn dir das Leben Freude bereitet. Und du brauchst kein Geld und keinen Erfolg, wenn du dem Leben vertraust.

Gibst du die Widerstände gegen die Welt auf, verleitet sie dich nicht länger, in ihr die Schuld für dein Unglück zu suchen. Die physische Welt hat keine Macht über deine Seele. Was du fühlst, ist unabhängig und wird immer unabhängig sein, ganz gleich, was du siehst. Sieh den Tod als eine Krankheit, und wir sind alle infiziert. Sieh den Tod als Heilung, dann werden wir alle geheilt.

Reich bist du erst, wenn du arm an Bedürfnissen bist. Ohne es zu merken, ja ohne es zu wissen, gleiten wir in einen stumpfen Egoismus, sobald wir verleugnen, was unsere wahren Bedürfnisse sind. Zu wissen und zu fühlen, was du *wirklich* brauchst, ist kein Egoismus, sondern natürlich. Jeder Fisch braucht Wasser, jedes Wesen braucht Liebe. Die Liebe ist das Grundnahrungsmittel der Seele. Jede Energie braucht Raum, um zu schwingen, jedes Kind das Gefühl, geborgen zu sein.

Es gibt Bedürfnisse, die in einem Leben gestillt werden können, und es gibt Bedürfnisse, die sollten meditativ aufgelöst werden. Am Anfang wehren wir uns alle dagegen, uns selbst eine gute Mutter und ein liebevoller Vater zu sein. Aber was ist die Alternative? Willst du für den Rest deines Lebens innerlich nach deiner Mama schreien?

Bedürfnisse machen uns abhängig. Ein weiser Mensch ist auch immer ein eigenverantwortliches Wesen. Wir sollten immer aus dieser eigenverantwortlichen Fülle heraus denken und handeln; dann kehrt das Gefühl der Fülle zu uns zurück. Du bist bereits vollkommen, du hast alles, was du brauchst, du kannst alles fühlen, was du möchtest, von der größten Angst bis zur schönsten Ekstase. Wir müssen dabei nur auf eines achten: unsere Schatten zu lieben und nicht zu verdrängen. Wenn du so lebst und handelst, kehrt das Gefühl der Fülle zu dir zurück.

»*Ich* will dich gar nicht schlagen.
Meine Hände wollen das!«

Ole zu seiner kleinen Schwester

Geliebter Feind

Jeder Mensch hat eine dunkle Seite; sie formt sich aus Gefühlen wie Wut, Angst, Hass, Neid, Trauer, Enttäuschung und Gier. Hinzu kommt eine positive Wertung dieser negativen Empfindungen: Wir geben unserer negativen Haltung gegenüber dem Leben und der Welt unbewusst recht. Innerhalb dieser Schattenseite von uns werden all unsere negativen Gefühle positiv gewertet.

Es ist der autoaggressive Teil in uns, ein innerer Dämon, Bösewicht oder Betrüger. Es ist unser Schatten, und obwohl ihn jeder Mensch besitzt, kann er unterschiedlich groß oder klein ausfallen.

Je stärker wir uns ins rechte Licht stellen, desto größer wird unser Schatten. Wer immer nur lieb und gut sein will, entzieht seiner »bösen Seite« die Liebe. Je ungeliebter sich unser Schatten fühlt, desto stärker wird er; er drängt aus der Verdrängung zurück. Verbannen wir den inneren Dämon, muss er ein ungeliebtes Dasein fern von uns führen. Unser Schatten fühlt sich so nur bestätigt in seiner Meinung: Keiner liebt mich, die Welt ist böse.

Diese Haltung gegenüber der Welt gibt dem Schatten recht. Er wehrt sich gegen eine schlechte, lieblose Welt. Denn in einer von Leid verseuchten und bösartigen Welt ist es logisch und sinnvoll, selbst leidbringend und bösartig zu sein, oder? Noch genauer betrachtet, verteidigt der Schatten sogar die Liebe mit unkonventionellen Waffen, da er fühlt, dass die

Welt lieblos ist. Um zu wissen, was Lieblosigkeit ist, muss ich die Liebe kennen. Der Schatten wähnt sich im Recht. Er steht der Liebe näher als die lieblose Welt. Er verteidigt seine verletzte Liebe und schützt sich vor den lieblosen Menschen.

Wer heilig sein möchte, bringt nur Unheil in die Welt. Wer ein strahlender Stern werden möchte, statt seine eigene Dunkelheit zu erhellen, wird von Dunkelheit umringt sein.

Der größte Irrtum jeder Religion ist die Lehre, das Böse nicht lieben zu dürfen. Warum solltest du deine linke Seite stärker lieben als deine rechte? Wie kannst du dich in zwei Teile teilen? Wieso solltest du dich spalten? Liebe das Böse, und es wird ein liebevoller, segensreicher Teil von dir sein. Dein innerer Dämon hat am meisten Liebe verdient; er braucht sie am stärksten. Liebe deinen Schatten, liebe dich für deine dunkle Seite mindestens so sehr wie für deine lichtvolle.

Liebe dich für deine Angst, denn sie schützt dein Leben. Den Hass zu lieben bedeutet, deinen Selbstwert anzuerkennen. Deine Wut zu umarmen bedeutet, deine innere Stärke anzunehmen und dich daran zu erfreuen. Liebe dich für deine Wollust und Gier, und du wirst dich eingebettet in eine Kraft wiederfinden, die der Motor allen Lebens ist.

Dem eigenen Schatten einen Platz im Herzen zu schenken bedeutet, gnädig mit sich selbst zu sein. Wir schenken dem Negativen die Unschuld zurück. Nur was wir achtsam wahrnehmen, können wir lieben, und nur was wir lieben, können wir loslassen. Aus diesem Grund können uns andere Mensch nur scheinbar schlecht behandeln. Wer achtsam bleibt, erkennt die Lehre dahinter. Im Zen-Buddhismus geht der Meister durch die Reihen der meditierenden Schüler. Wann immer der Meister einen Schüler prüft, fährt sein Stock auf den Kopf des Meditierenden nieder. Der Schüler weicht dem Stock des Meisters aus, wenn er im Gewahrsein und achtsam ist. Er weiß, der Stock kann ihn nur treffen, wenn er unbewusst ist ... Ist der Schüler aufmerksam, kann ihn der Stock nicht treffen. Ist der Schüler unbewusst, schreckt ihn der Stockhieb aus dem Halbschlummer, in den er gesunken ist. So oder so wird ihm die Anfeindung helfen.

Wir lernen von unseren Feinden mehr als von unseren Freunden. Dafür sollten wir dankbar sein. Das Ziel des Menschen ist der Mensch und nichts weiter als der Mensch – menschliche Ziele, menschliche Gefühle, menschliche Ansichten ... Ist das Ziel Erleuchtung und innerer Friede, richten wir unsere Aufmerksamkeit auf das Göttliche – göttliche Ziele, göttliche Gefühle und göttliche Ansichten. Drücken Mitmenschen dann unsere Knöpfe und berühren unsere wunden Punkte, lernen wir daraus.

Solange du dich für einen Menschen hältst, guckst du dein persönliches »Kopfkino«. Deine Mitmenschen sind hierfür nur die Leinwand. Darum sollten wir nie etwas Persönliches aus dem machen, was geschieht. Gib deinen negativen Gefühlen liebevoll Raum, aber gib ihnen nicht recht.

Jeder Mensch ist so lange Projektionsfläche, bis wir uns selber ganz erkennen. Wir können unsere Mitmenschen also erst dann erkennen, wenn wir uns selbst erkannt haben. Danach werden sie vollkommen sein, ein göttlicher Zwilling; vorher sind sie das Zerr- und Spiegelbild der eigenen Gefühle und Fratzen.

In dem Maße, wie wir uns verändern, ändert sich das Bild der Menschen:

> Erscheinen sie lieblos, erblicken wir nur unsere eigene Lieblosigkeit.
> Erscheinen sie furchteinflößend, sind es die eigenen Ängste, die sie uns zeigen.

Ganz gleich, was du dir wünschst: Wenn die Welt es dir (gefühlt) nicht gibt, enthältst du es dir selber vor.

» *W*ie lange dauert es denn noch bis ›Ja, gleich‹?«

Felix

Die korrekte Haltung

Erleuchtung erreichen wir zu neunzig Prozent durch die korrekte Haltung und zu zehn Prozent durch Meditation. Die erleuchtete Haltung ist neutral, friedliebend und dadurch weise. Alles hat zwei Seiten, eine gute und eine schlechte. Wenn jemand im Lotto gewinnt, scheint das gut für ihn zu sein. Aber was ist, wenn er dadurch seine Freunde verliert, in Drogen abrutscht und zuletzt einsam und verarmt stirbt? Zu viel des Guten kann das Schlimmste im Leben sein.

So, wie wir täglich leben, wie wir in der Früh aufstehen, was wir essen, wie wir uns bewegen, wie wir mit unserer Arbeit umgehen, wie wir mit unseren Mitmenschen umgehen, mit unseren Partnern, mit unseren Kindern, unseren Tieren, woran wir glauben, unsere Einstellung zu Krankheit und Tod: All das entscheidet über unsere Haltung uns selbst und dem Leben gegenüber.

Hier möchte ich zwischen Wertung und Haltung unterscheiden. Die Wertung stammt vom Ego und besagt nicht mehr, als dass etwas genau jetzt gut oder schlecht ist. Später, in einem anderen Kontext, kann sich die Wertung ändern, und was eben noch gut war, ist auf einmal schlecht.

Eiscreme ist genau jetzt gut und positiv, wenn du Lust auf etwas Süßes hast; die gleiche Eiscreme ist schlecht, sobald du dich an ihr überfressen hast. Es gibt Farben und Muster, die passen sehr gut zu einem Kleidungsstück, das du ausgewählt hast; sobald du ein anderes Kleidungsstück trägst, sehen dieselben Farben und Muster schlecht darauf aus. Das ist die Wertung.

Unsere Haltung ist im Gegensatz zur Wertung stabil. Wer die Farbe Rot nicht mag, wird sie immer negativ werten – egal, welche Kleidung er trägt. Wer Fleischessen ablehnt, wertet Fleischessen immer negativ – egal, wo er gerade isst und mit wem. Die Haltung ändert sich nicht so leicht.

Zwischen negativer Haltung und negativer Wertung zu unterscheiden wird wichtig, sobald wir uns über Gefühle unterhalten. Manche Gefühle werten wir zwar negativ, haben aber keine negative Haltung ihnen gegenüber. Umgekehrt können wir ein Gefühl vorübergehend positiv werten, obwohl wir dem Gefühl mit einer negativen Haltung begegnen.

Unsere Haltung den Gefühlen gegenüber entsteht in der Kindheit und Jugend. Wer als Kind ausgelacht wird, weil er traurig war und weinte, kann sich innerlich entschieden haben, die Trauer in Zukunft zu verbergen und möglichst nicht mehr auszudrücken. Das Gefühl der Trauer ist ab sofort ein Zeichen der Schwäche und mitunter von der Angst begleitet, ein Versager zu sein, sobald man die Trauer zulässt. Umgekehrt zwingen wir uns zuweilen, traurig zu sein, in der Annahme, das würde von uns erwartet.

Sei absolut ehrlich dir selbst gegenüber. Du kannst jeden Menschen auf dieser Welt anlügen, aber sobald du beginnst, dir selbst etwas vorzumachen, beginnst du zu leiden. Egal, was du fühlst, sei ehrlich in deinen Gefühlen. Belüge dich nicht selbst – das ist eine Entscheidung, die es zu treffen gilt. Du kannst davon ausgehen: Du bist mit all deinen paradoxen Gefühlen nicht allein.

Jedes Gefühl sitzt an einem bestimmten Ort im Körper; diese Orte oder Räume der Gefühle werden allgemein als Chakras bezeichnet. Die Wut kocht sprichwörtlich im Bauch, genauer gesagt: unterhalb des Bauchnabels. Die Lebensfreude strahlt vom Oberbauch aus, die Trauer sitzt knapp darüber, am Ende des Brustbeins, und darüber leuchten die Liebe und Zärtlichkeit. Das Gefühl der Erleuchtung, die Transzendenz, verläuft länglich in der Mitte des ganzen Körpers und breitet sich von hier wie ein weißes Licht aus.

Energiekörper und Emotionalkörper werden oft miteinander verwechselt. Genau genommen gehören die Chakras zum Energiekörper; der Emotionalkörper ist zu einem gewissen Grad unabhängig davon.

Vergleichen wir es mit unserem physischen Körper, können wir springen, ohne uns zu freuen, oder wir müssen springen vor Freude. Wir können den einen Körper bewegen, ohne den anderen dabei übermäßig zu aktivieren. Oder die Aktivierung des einen Körpers löst eine Reaktion im anderen Körper aus.

Wichtig zu wissen ist: Gefühle können nicht von einem Ort in unserem Körper zu einem anderen springen; Gefühle fließen wie eine ölige Flüssigkeit um und durch unseren Körper, wenn wir sie verschieben oder verdrängen. Wir können sie auch nicht direkt von der rechten Hand in den linken Arm fließen lassen, dafür muss das Gefühl einmal quer durch den Brustkorb fließen.

Abgesehen von der Temperatur ist flüssig glühende Lava ein sehr stimmiges Bild für dieses »Öl der Gefühle«. Unsere Gefühle können weit durch unseren Körper oder über unseren Körper hinaus strahlen und leuchten. Wir können strahlen vor Freude, aber auch vor Angst oder Wut. Wir können mit jedem Gefühl strahlen, auch Trauer oder Neid – aber das tut kaum jemand, obwohl sich diese Gefühle dann viel besser anfühlen.

Das Öl der Gefühle kann unseren Körper nicht verlassen, die Strahlung schon. Werten wir ein Gefühl positiv und bekräftigen es, leuchtet es stärker auf. Eine negative Wertung verdunkelt ein Gefühl, es fließt langsamer oder gar nicht mehr. Eine negative Haltung unterdrückt das Gefühl, wodurch es gleichsam aushärtet und eine dunkle, oft borkige Struktur annimmt, vergleichbar erstarrter Lava.

Diese erstarrten Gefühle wieder flüssig zu machen ist das erste Ziel. Das tut oft weh, da emotionale Verletzungen dazu geführt haben, eine negative Haltung dem Gefühl gegenüber zu entwickeln. Es spielt keine Rolle, ob die Menge des flüssigen Gefühls klein oder groß ist. Das Licht eines kleinen Gefühls kann trotzdem den ganzen Raum des Körpers ausfüllen, Freude zum Beispiel, aber auch Hass.

DER ENERGIEKÖRPER

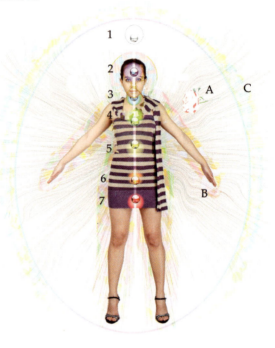

Die Strahlung unserer Gefühle entscheidet über unser Wohlempfinden, vergleichbar der Glut der Lava, die, wenn sie erstarrt und erkaltet ist, keine Wärmequelle mehr für uns ist.

Diese Strahlung der Gefühle empfangen wir als Erstes von anderen Menschen. Sie aktivieren unsere eigenen Gefühle:

Jedes Chakra enthält als kleine, gläserne Kugel einen notwendigen Ausdruck seiner Energie. Verdunkelt sich diese Kugel, verliert ihre Form oder wird verdrängt, können massive Probleme entstehen.

1. *Das Kronenchakra mit uns als Individuum als Facette des Göttlichen darin.*
2. *Das Kopfchakra mit unserem Ego als gläserne Kugel in der Stirn.*
3. *Das Halschakra mit unserer kugelförmigen Ausdrucksfähigkeit.*
4. *Das Herzchakra mit der Trauer-Kugel als Zentrum unseres Mitgefühls im unteren Drittel.*
5. *Das Bauchchakra mit der Urangst, unserem Instinkt im oberen Drittel.*
6. *Das Vitalchakra mit dem Herzstück unserer Fortpflanzungsfähigkeit.*
7. *Das Wurzelchara und die aufgerollte Kundalini-Kraft darin.*

A *Jede Vorstellung, die wir lange genug halten, kristallisiert sich im Energiesystem aus.*
B *Die Energie dampft aus dem Körper heraus und bildet die Schichten in der Aura.*
C *Energieschwächen und Energiestärken projizieren sich weit in den Raum hinaus.*

die freien – was wir als angenehm empfinden – und die verdrängten Gefühle – was wir als unangenehm empfinden.

Menschen, die wir negativ werten, weil sie negative Gefühle in uns wecken, bringen uns also in Wahrheit nur mit unseren eigenen unfreien, erkalteten und starr gewordenen Gefühlen in Kontakt. So gesehen können wir froh sein über jeden Menschen, der noch etwas Negatives in uns wachrüttelt, denn so bekommen wir die Chance, uns selbst genauer kennen und fühlen zu lernen.

Die meisten Menschen sind heutzutage sehr nach außen orientiert; sie fühlen sich selbst weniger als ihre Mitmenschen. Hier kann es hilfreich sein, Zugang zu den eigenen Gefühlen zu bekommen, indem wir mit der Resonanz arbeiten, die unsere Mitmenschen in uns auslösen.

Erleuchtete strahlen mit dem Gefühl der Transzendenz; dies hat eine aktivierende Wirkung auf das eigene, unterdrückte Gefühl der Erleuchtung. Erleuchtung ist ansteckend. Je mehr Menschen dieses klare, reinweiße Gefühl der Transzendenz neu in sich entdecken und erstrahlen lassen, desto mehr Menschen werden ihrem Beispiel folgen. Die willentliche Entscheidung, das Gefühl überhaupt spüren zu wollen, ist hilfreich, aber nicht notwendig. Gefühle vermitteln sich ohne Worte, ohne Sprache, ohne Körperkontakt.

Übung: Die Gefühle fließen lassen

Schließe deine Augen und spüre in deinen Körper hinein. Jeder Atemzug darf dich tiefer und tiefer in deinen Körper zurückbringen. Du senkst ganz bewusst deine Aufmerksamkeit in deinen Körper, in das Zentrum deiner Gefühle: das Herz.

Alle deine Gefühle sind jederzeit da, mal subtil, mal aufdringlich, mal ruhig und entspannt. Suche keinen Grund, keine Ursache für deine Gefühle in der Vergangenheit. Lass deine Gefühle einfach so, wie sie sind, und da, wo sie sind. Es spielt keine Rolle, warum sie da sind oder woher sie stammen; wichtig ist nur, dass sie sind und dass sie sein dürfen.

Wähle jetzt ganz bewusst eines deiner Gefühle aus, das du neu bewegen, neu fließen und leuchten lassen möchtest. Trauer, Liebe, Freude, Angst, Wut, Neid, Hass, Zärtlichkeit, Geborgenheit und Transzendenz sind wichtige Grundgefühle von uns Menschen. Es geht aber auch genauer: väterliche Liebe, mütterliche Liebe, väterliche Geborgenheit, mütterliche Geborgenheit ... Solltest du Probleme mit dem Fühlen deiner Gefühle haben, nimm zunächst die Trauer, danach die Liebe und taste dich dann weiter vor.

Strecke jetzt im Geiste deine Hände aus. Forme eine Schale mit deinen Händen und halte sie in deiner Vorstellung vor deinen Körper. Du kannst jetzt erlauben, dass sich dein Gefühl, das du berühren und neu bewegen möchtest, dir in die Hände legt.

Sollte sich nichts zeigen, was du fühlen und ertasten kannst, gib einfach zu, dass du dich jetzt gar nicht mit diesem Gefühl beschäftigen möchtest. Es taucht dann etwas auf, das du wie im Traum berühren kannst. Es hat eine Form, eine Temperatur, eine Oberfläche, die rau oder glatt sein kann, und vielleicht siehst du sogar eine Farbe ...

Bewege das Gefühl sanft in deiner Hand. Wenn es sich hart und starr anfühlt, ist es stark unterdrückt und negativ gewertet. Erlaube diesem Gefühl jetzt bewusst, dir seine Wunden zu zeigen: »Du darfst mir deine Wunde zeigen.«

Heile eine Wunde nach der anderen, indem du die erste Wunde sanft berührst und wie ein kleines Mantra diesen Satz im Geiste wiederholst: »Du darfst so fühlen, wie du fühlst, und trotzdem heilen.«

Nachdem du die Wunden geheilt hast, wird sich das Gefühl neu bewegen lassen, es wird elastischer, eventuell sogar schon flüssig geworden sein. Jetzt erlaube diesem Gefühl, neu zu leuchten, neu an Kraft und Energie zu gewinnen. Wiederhole dafür den Satz: »Ich gönne dir alles, was du brauchst, um zu leuchten. Ich gönne dir alles, was du brauchst, um zu strahlen.«

Fühle dabei in dich hinein. Es kann sein, dass du jetzt selbst erkennst, warum du dieses Gefühl so lange unterdrückt hast. Strahlt unsere Wut, macht uns das zuweilen traurig. Gib diesem Gefühl, wegen deiner Wut traurig zu sein, einfach Raum. Lass auch dieses Gefühl sein und leuchten, so weit es will. Umgekehrt kann uns Trauer, die wir neu aufleuchten lassen, wütend machen. Alle Mischungen sind möglich; spiele damit. Der richtige Weg ist der, der mehr Wohlgefühl in dir erzeugt und deine Gefühle heller und klarer fließen und leuchten lässt ...

Zuletzt solltest du dein Gefühl bewusst an seinen richtigen Ort zurückgießen. Wenn sich dein Gefühl wie flüssige Lava in der Schale deiner Hände hin und her schütten lässt, wie eine leuchtende Flüssigkeit in der Schwerelosigkeit, dann gieße sie zurück in deinen Körper, an die Orte, wo das Gefühl hingehört.

Sobald du Erfahrungen mit dieser Übung gesammelt hast, kannst du deinen ganzen Körper auf verdrängte Gefühle prüfen. Aktiviere das Gefühl, bis du es wie flüssige Lava in der Schale deiner Hände hin und her gießen kannst. Jetzt erlaube, dass sich jedes verdrängte Stück dieses Gefühls in deinem Körper zeigt. Wie kleine Eiswürfel oder Steinchen tauchen Druckpunkte in deinem Körper auf. Erlaube ganz bewusst, dass dieses »Eis der Gefühle« warm werden, schmelzen und zur Quelle zurückfließen darf.

»*M*ein Teddy ist ein Mann,
er ist dick und er ist faul.«

Lenia

Erleuchtung ist kitschig

Jeder zweite Satz, der mir heute über die Lippen kommt, hätte mir früher Übelkeit verursacht oder mich zu Tränen gerührt. Reine Liebe und reine Freude sind »kitschig«, angesichts der zugrunde gerichteten Kostbarkeit der Welt.

Mir ist in der heutigen Meditation ein Engel erschienen, ein Wesen aus Licht, das mich mit seiner schillernd weißen Energie berührte. Diese Wesenheit sah wie ein aus Licht gewobener Schmetterling aus, in dessen spiralförmigen Adern glühende Farben pulsierten. Als er mich mit zwei seiner sechs Flügel berührte, konnte ich eine Form von Liebe spüren, die mich zu Tränen rührte ...

Würde ich zehn Jahre zurück in die Vergangenheit reisen und mir diese Geschichte selbst erzählen, würde ich mich höhnisch auslachen. Aber was soll's! Diese Erfahrungen, die wir täglich, ja in jedem Augenblick machen können, bedürfen keiner Droge und keiner Sekte, um sie erfahren zu dürfen. Wir selbst erlauben sie uns oder verweigern uns diese Ekstase.

Das Leben darf dich berauschen. Du darfst dich verzaubern und verzücken, du musst es nur wollen, den kleinen Nörgler und Zweifler in dir lieben und schätzen, damit er selbst von diesem Licht berührt sein darf. Verzweifle nie aufgrund deines Zweifels; drücke, was dich bedrückt, nicht weg; jammere nie über das Jammern ... All das gehört zu dir und ist es wert, von dir geliebt zu werden. Es ist so kitschig, so wundervoll kitschig! Und doch spüren wir, wie unser Herz zu kichern, ja zu lachen beginnt, sobald wir uns erlauben, diese farbenfrohe Lebendigkeit neu in uns zu entfachen.

Das Leben ist ein Fest, eine Orgie der Sinne, und alles, was wir berühren, ganz gleich, was wir betrachten, riechen, betasten und bestaunen, darf uns Lust und Freude bereiten. Da ist dieser Raum, in dem alles glüht, alles lebendig und über die Maßen wirklich ist. Es gibt einen Raum, der wirklicher ist als die Wirklichkeit, eine Realität jenseits des Physischen, die realer und plastischer erscheint als der Sessel, auf dem du sitzt, als die Luft, die du atmest. Dieser Raum bist du, du bist die einzig wahre Realität – und was könnte jemals realer sein als du selbst? Nichts wird jemals realer sein als du selbst – ganz gleich, was du erreichst, ganz gleich, welche Zustände du erfährst; nichts steht dir näher, nichts kennt dich besser als du dich selbst.

Du darfst dich an dir berauschen. Du bist ein weltveränderndes Ereignis, ein kosmisches Phänomen. Was wäre wundervoller als du? Was wäre bezaubernder, als sich selbst wie eine Blume zu berühren, sich zu riechen, sich zu spüren und zu wissen, dass dies ewig ist? Du bist ein ewiger Genuss. Du bist dieser Augenblick. Die Bilder und Töne mögen vergehen; der Genuss deines Augenblicks bleibt. Denn jeder Ton, jedes Bild ist es wert, als bereichernd und berauschend erlebt zu werden.

Sobald du dir erlaubst, gefühllos zu sein, finden alle Gefühle zu dir zurück. Sobald du verstehst, dass du nichts weißt, hältst du die Weisheit der Welt in deinen Händen. Du darfst hässlich, dumm, verstümmelt, krank, arm und bettlägerig sein – nichts von alledem wird jemals etwas an deiner Göttlichkeit ändern, ja, nichts von alledem berührt in Wahrheit deinen Wert oder kann deine Kostbarkeit reduzieren. Dein Wert ist unschätzbar. Jede Sekunde mit dir ist ein Geschenk an dich selbst. Darum ist es so wichtig, zu sich selbst zu stehen. Darum ist es so wichtig, sich nicht im Stich zu lassen. Sobald der Augenblick an Schärfe und Reiz verliert, vermisst du dich selbst. Verwirrung und innere Leere sind der deutliche Hinweis, dass du dich selbst verloren hast. Wer außer dir selbst sollte dich finden? Wem siehst du ähnlicher als dir selbst? Du musst nirgendwohin gehen, um dich zu finden. Du musst nichts tun, um ganz du selbst zu sein.

Das ist göttlich – göttliche Ruhe, göttlicher Frieden, göttliche Barmherzigkeit.

Liebe zum Moment kann einen Zustand halten. Was wir nicht lieben, wollen wir in Wahrheit verändern. Was wir dagegen wahrlich lieben, lieben wir genau so, wie es ist, ohne auch nur das Kleinste daran ändern zu müssen. Die Magie der Liebe ist also die Magie des reinen Augenblicks. Liebe auf den ersten Blick existiert in jedem Moment, wenn du die Welt neu betrachtest. Und die Welt liebevoll zu betrachten bedeutet, stolz auf dein Werk zu sein.

»*Und* warum hat er die Augen zu,
wenn du sagst,
er ist ›erwacht‹?«

Anna

Buddhas mit offenen Augen

Buddhas Augen sind geschlossen; selbstversunken lächelt er. Tief in seinem Innersten leuchtet die Wahrheit, die er hinter geschlossenen Augen betrachtet. Die gleiche universelle Wahrheit finden wir jedoch auch im Außen, jederzeit um uns herum. Wir dürfen die Augen öffnen, um einander zu sehen. Wir dürfen uns selbst im anderen erkennen. Wer erleuchtet ist, für den sind alle Wesen und Dinge erleuchtet.

Es ist Nacht, und wir laufen barfuß durch die salzigen Wellen der Südsee. Unter uns leuchten, wie grüne Sterne, die biolumineszierenden Algen im Sand; über uns flimmert das farbenprächtige Feuer der Galaxien. Himmel und Erde verschmelzen in uferlos glimmernden Weiten – als würde sich die Unendlichkeit selbst berühren. Hand in Hand schlendern wir durch diesen ewigen Augenblick. Und das Licht der Sterne reicht gerade aus, um das Leuchten in den Augen meiner Freundin zu sehen. Die Wellen gleiten über unsere Füße hinweg; darin tanzen und schaukeln winzige, grün lumineszierende Algen. Sie schöpft einen dieser kalten Sterne aus der Gischt der Wellen und hält ihn mir in der Schale ihrer Hände hin. Das inständige Glimmen dieses kleinen Wesens, sein kühles Glühen verzaubert mich. Darüber gebeugt bestaune ich dieses winzige Wunder, das sacht das Lächeln meiner Freundin beleuchtet.

Wie weit sind wir Menschen mit der hehren Vernunft geraten, nur um an die Ränder und Räder unseres Denkens zu stoßen! Jenseits von Raum und Zeit verflüchtigt sich jeder Gedanke, zerbrechen die Lanzen und Säbel der Logik, um dieses Glühen, dieses Glimmen der Seele freizulassen. Diese kleine Alge ist so weich wie die Wahrheit über uns selbst. Es existiert nichts eindeutig Festes oder Fixes in uns. Die Fakten, an die wir ein Leben lang glaubten, werden ihren Halt verlieren. Es ist so weit: Die Unendlichkeit hat die Wissenschaft eingeholt.

Ich fühle – also bin ich.

Magisch wird dieser Zustand des Geistes in jenem Augenblick, in dem du begreifst, dass es keine Trennung gibt. Wovor willst du dich schützen? Wovor rennst du noch weg? Wer außer dir selbst sollte es sein, den du die ganze Zeit über siehst, hörst und fühlst? Plötzlich bist du der Kosmos – alles um dich herum und alles in dir. Du enthältst alle Dinge, *jede* Wahrheit, *jeden* Irrtum, von Anfang bis in alle Ewigkeit.

Der Vorhang der Seele geht auf, und die Welt offenbart sich als Spielplatz der Sinne. Das Moos auf den Steinen ist interessanter als die antike Ruine, der Fingerabdruck auf einem Goldring erstaunlicher als das wertvolle Metall. Der seelische Schmerz eines Menschen kann so schön sein wie ein Kinderlachen. Es gibt keinen Unterschied mehr.

»Was bin ich?«, fragte sich der Kosmos, und seine Eltern sagten ihm: »Ein Mensch.« So hat die Reise begonnen. Wir haben versucht, unsere Seele in einem besseren Zustand zurückzugeben, als wir sie bekommen haben. Denn wir leiden an den Phantomschmerzen der Seele: Die Kindheit ist lange vorbei, aber sie tut immer noch weh. Jeder Versuch einer Täuschung, einer Kränkung oder Verletzung entströmt einer fehlgeleiteten Kraft, die zur Selbstheilung strebt. So blüht aus dem Wunsch, geliebt zu werden, der Hass und sprießt aus dem Willen zum Guten das Böse. Jede Form der Gewalt ist ein tragischer Ausdruck des unerfüllten Bedürfnisses nach Liebe.

Diese zehrende Sehnsucht nach dem Schönen, dieses hitzige Begehren wird nur durch Selbsterkenntnis gestillt und gekühlt. Das Leben ist weder bitter noch dröge und muss weder versüßt noch verschönert werden. Der schlichte Moment, die stille Anmut des Augenblicks ist kostbar. Die Vorstellung eines festen, in sich geschlossenen Körpers schwindet – plötzlich ist der Mensch keine Maschine und das Bewusstsein nicht ihr Produkt. Du bist ein Licht, das mühelos den leeren Raum aller Dinge durchleuchtet. Du bist ein Licht, das dir voranschweben und dich zugleich erleuchten kann. Du bist ein Licht, frei jeden Gedankens, frei jeden Gefühls, frei jeder Vorstellung, frei jeder Idee, frei aller Worte, frei in diesem Augenblick, der du bist.

Nachwort

Erleuchtung ist hier und jetzt

Als Sigmund Freud die Psychoanalyse begründete, konnte die Seele der Menschen aufatmen. Das mechanische Selbstbild des Menschen hatte ein seelisches Gegengewicht gefunden. Freuds Behauptung, allein seine Gesprächstherapie, also das *Reden* mit seinen Patienten, heile sie von ihren Beschwerden, war damals revolutionär, so revolutionär wie heute die Behauptung, allein die *Energie* des Therapeuten könne die Symptome eines Patienten heilen. Neu ist für viele, dass den Klienten nicht die Bewusstwerdung der unterdrückten Kränkungen, Verletzungen oder Sehnsüchte heilt, sondern die Harmonie der Energie im Körper. Die Verarbeitung durch den Verstand ist de facto nicht nötig. Wäre dem so, müsste uns alles bewusst werden, was wir heilen, auch im Schlaf; und das ist offensichtlich nicht der Fall.

Für Parmenides existierte nur das »Seiende« als etwas Zeitloses und Unveränderliches. Bewegung sei eine Täuschung, in Wahrheit gebe es nur das Unbewegte. Und Platon schrieb: »Zeit ist ein in Zahlen fortschreitendes ewiges Abbild der in dem Einen verharrenden Ewigkeit.«

Es gibt kein Werden, kein Vergehen, nur Sein.

Diese Haltung ist befreiend. Sie entbürdet uns von der Idee der spirituellen Entwicklung. Sie entlastet uns von der Zeit. Befreiung ist jederzeit möglich, hier und jetzt.

Ein paar Sätze haben mich durch die vielen Jahre der Reinigung begleitet – Sätze, die ich gerne teilen würde. Oft sagte ich mir:

> »Ich schaffe es nicht.« Und »ich« musste es auch nicht schaffen.
> »Ich kann es nicht.« Und »ich« musste es auch nicht können.
> »Ich weiß es nicht.« Und »ich« musste es auch nicht wissen.

Den Augenblick zu berühren ist leichter, als sich vom Augenblick berühren zu lassen. Trainieren wir unser Glück wie einen Muskel. Jeden Tag ein bisschen Glück hilft oft mehr als einmal im Monat ein glückseliger Rausch.

Es kommt der Punkt im Leben, an dem es dir besser gehen wird als jedem anderen Menschen um dich herum. Du hast es hin und wieder erlebt, vielleicht nach einem erholsamen Urlaub oder als du gesehen hast, wie ein guter Freund leidet. In diesem Augenblick die starke Schulter zu sein, war leicht. Du warst der Fels in der Brandung, an den die Wogen der Trauer, der Wut und Verzweiflung tosend prallen durften.

Es machte dir nichts aus. Warum? Weil du wusstest, dass es gut ist, was geschieht. Du hast tief in deinem Herzen gespürt, es ist jetzt wichtig und richtig, dass der andere weint, schreit oder wütet, und es ist wichtig und richtig, ihn friedvoll in seinen Gefühlen gewähren zu lassen.

So verhält es sich mit dem Menschen: Die eigenen Bedürfnisse und Gefühle lenken von unserem inneren Frieden ab. Wir werden selbst derjenige, der tosen, heulen und schreien möchte.

In diesem Wissen können wir die Haltung des Friedens bewahren. Wir erlauben ganz bewusst, dass wir selbst die starke Schulter sind, der Fels in der Brandung, an den die Wogen unserer Gefühle schwappen und schlagen dürfen, bis Ruhe und Friede in unser Herz einkehrt.

Kraft und Friede auf deinem Weg!

Während seines Studiums der Psychologie in Maastricht entdeckte **Hartmut Lohmann** in tiefen Meditationen seine Fähigkeiten des Heilens und Sehens. Als westlich erzogener und geschulter Mensch dauerte es Jahre, bis er diesen Gaben Vertrauen schenkte.

Inzwischen sind seine Fähigkeiten so ausgereift, dass er auch über räumliche Distanzen hinweg den Energiekörper detailliert betrachten und in das Körperbewusstsein anderer Menschen einwirken kann.

Als Künstler und Schriftsteller tätig, gewann er folgende Preise: 2007 Stadtschreiber von Otterndorf, 2008 Stadtschreiber von Ranis.

Im Jahr 2009 eröffnete er seine energetische Heilpraxis in Bochum. Aufgrund der hohen Nachfrage ist er seit 2014 auch als energetischer Unternehmensberater und Innenarchitekt tätig.

www.chi-heilung.de

***

Folge uns auf Facebook
und gewinne
Bücher, DVDs und Seminare

Nur einmal im Jahr!

Endlich unendlich
6-Tages-Retreat

Den unerschöpflichen Reichtum in unserem Inneren zu entdecken, ist das Ziel dieser Tage der Einkehr und Besinnung. Weit mehr als jedes andere Retreat in Europa gehen wir dabei individuell auf jeden Teilnehmer ein. Vorab wirst du durch ein persönliches Screening durch Hartmut Lohmann auf deine Blockaden und Schwachpunkte geprüft. Auf diesem Screening basierend, erhältst du zusätzlich einen individuellen Seminarplan, der deine persönliche Entwicklung am stärksten fördert. Optional wird auch eine Ernährungsempfehlung ausgesprochen, die während der Tage der Stille umgesetzt werden kann.

Highlight des Retreats: Hartmut Lohmann spricht aus dem Reinen Bewusstsein, beantwortet Fragen und ist die Quelle einer reinen und reinigenden Kraft. In der Sphäre seiner Gegenwart wirst du dich selbst und deinen inneren Reichtum neu entdecken, wachsen und vielleicht zur Blüte finden.

Unsere langjährige Erfahrung mit dieser hohen Energie hat gezeigt, dass diese nicht alle gleichermaßen verkraften. Die intensive Konfrontation mit dir selbst kann dich in die Höhe ziehen und ins »Nichts« fallen lassen.

Aber keine Bange, hier wirst du von einem erfahrenen Team aufgefangen! In unserem Retreat begleiten dich ausnahmslos erfahrene Heiler und Psychologen, die dir in diesen Tagen der Heilung und des Wachstums beiseite stehen werden und dir dabei helfen, den unerschöpflichen Reichtum in deinem Inneren zu entdecken.

***

Erleuchtung (er)leben

Nur einmal im Jahr!

Erleuchtung ist die Erfahrung, dass Körper, Gefühle und Gedanken kein reale Identität bilden, wie wir sie kennen, sondern alle aus einer Quelle entströmen, die wir alle miteinander teilen. Wenn die permanente Veränderung der Welt ungeeignet ist, eine stabile Identität zu bieten, sollten wir eine neue finden. Wer die alten Vorstellungen seiner festgefahrenen Identität aufgibt, erlebt seinen Körper, seine Gefühle und seine Gedanken in einem freien, zutiefst entspannten Zustand inneren Friedens. Dies ist das Ziel dieser (er)leuchtenden Tage.

***

Selbstheilung intensiv

Der Fokus dieser Veranstaltung liegt ganz auf der Heilung unserer seelischen Wunden – jener alten, noch nicht verziehenen Verletzungen, die unseren Schmerzkörper erzeugen. Diese Wunden wurden uns vor langer Zeit zugefügt, und doch bedrücken, schmerzen und beeinflussen sie unser Leben bis heute. Denn wir selbst sind es, die weiterhin den Fluss der Energie abbremsen und uns so von den Quellen der Kraft und der Freude abschneiden. Niemand anders als wir hält unsere Schutzlosigkeit und unseren Mangel aufrecht. Und so liegt auch der Schlüssel für unsere Befreiung von diesem Mangel bereits in unseren Händen!

Dieses Seminar konzentriert sich auf den liebevollen Umgang mit unserem Schmerzkörper. Wir können lernen, ihm verständnisvoll zu begegnen, Bedürfnisse zu stillen und unsere emotionalen Wunden heilsam zu lösen. Es ist eine wunderbare Erfahrung, die uns mit uns selbst versöhnt.

Es sind keinerlei Vorkenntnisse erforderlich. Die Teilnehmer erhalten am Anfang des Seminars ein Skript, in dem alle Techniken beschrieben sind. Die Meditationen werden im Sitzen und liegend ausgeführt. Bequeme Kleidung wird empfohlen.

Selbst mitzubringen sind: warme Socken, Kuscheldecke und Kissen für die Meditation; sofern vorhanden, auch gerne eine Yogamatte.

***

Den Schmerzkörper heilen

Wenn der Körper schmerzt, ist die Seele verwundet. Seelische Verletzungen formen das Zentrum jedes tiefen Konfliktes. Zusammen bilden sie unseren Schmerzkörper, als Summe all unserer Wunden, die wir bis heute nicht verziehen haben.

Freude und Liebe dehnen uns aus, Leid und Schmerz ziehen uns zusammen. In dieser Enge spüren wir unseren Schmerz umso besser. Wir ziehen uns zusammen, um den Schmerz tief in uns zu bewahren. Sobald wir uns ausdehnen, weit und lichtvoll werden, bekommen wir Angst, uns aufzulösen …

Wer sich nicht gestattet, gekränkt oder verletzt zu sein, verweigert sich selbst die Heilung. Nur ein Schmerz, den wir zugeben, ist ein Schmerz, der heilen kann.

Weitere Bücher, CDs und DVDs von Hartmut Lohmann

Heile dich selbst
Was die Aura schützt und nährt
Kompakt-TB, 112 Seiten
ISBN 978-3-86728-212-3

Die Aura sehen und fühlen
DVD, ca. 60 min
ISBN 978-3-86728-286-4

Heile dich selbst
in 7 Schritten
Audio-CD, 60 min
ISBN 978-3-86728-226-0

Mit den sieben geführten Meditationen dieser CD, die den Stufenweg des Buches »Heile dich selbst – Was die Aura schützt und nährt« begleiten, reinigen wir die Abladestellen der negativen Gefühle in unserem Körper; Schritt für Schritt befreien wir unseren Geist von Zwängen, Fesseln und Automatismen, um endlich die Schwelle zu dauerhaftem Glück und Frieden zu überschreiten.

Selbstheilung intensiv
Kompakt-TB, 112 Seiten
ISBN 978-3-86728-277-2

**Grundlagen der energetischen Heilung –
Warum sie wirkt, wie sie funktioniert**
Hardcover, 208 Seiten
ISBN 978-3-86728-164-5

**Grundlagen der energetischen Heilung –
Die sieben Quellen der Freude –
Meditationen**
Audio-CD, 60 min
ISBN 978-3-86728-165-2

Erfahren Sie mit dieser CD die Chakras als farbige Räume der Seele. Spüren Sie Ihre Meridiane in feinstofflichen Kreisläufen und erweitern Sie Ihre Wahrnehmung über den Körper hinaus. Tauchen Sie ein in eine Welt des Klangs und des Lichtes, geführt von einem Heiler, der die Energie des Lebens sehen und lenken kann.

**Lebensenergie im Gleichgewicht
Die Versöhnung mit der Urangst**
Hardcover, 192 Seiten
ISBN 978-3-86728-244-4

**Eigenresonanz
Mehr Energie für Körper, Geist und Seele**
DVD, 60 min
ISBN 978-3-86728-259-8

Wichtiger Hinweis

Die im Buch veröffentlichten Empfehlungen wurden von Verfasser und Verlag sorgfältig erarbeitet und geprüft. Eine Garantie kann dennoch nicht übernommen werden. Ebenso ist die Haftung des Verfassers bzw. des Verlages und seiner Beauftragten für Personen-, Sach- und Vermögensschäden ausgeschlossen.

© KOHA-Verlag GmbH Burgrain
Alle Rechte vorbehalten
1. Auflage 2016

Bildnachweis:
- S. 6: Tooykrub/Shutterstock.com
- S. 109: wasanajai/Shutterstock.com
- Alle anderen Fotos und Ornamente: Shutterstock.com
- Grafiken S. 21, 39, 43, 48, 55, 64, 68, 98:
Hartmut Lohmann und Martin Otto Wertsch
- Foto des Autors, S. 121: privat

Cover: Sabine Dunst/Guter Punkt, München
Coverfoto: Shutterstock /Tawanlubfah

Lektorat: Maria Müller-de Haën
Layout: Birgit-Inga Weber
Gesamtherstellung: Karin Schnellbach
Druck: Finidr, Tschechien
ISBN 978-3-86728-302-1